捕捉儿童敏感期

（插图升级版）

雪松／编著

成都地图出版社

图书在版编目（CIP）数据

捕捉儿童敏感期：插图升级版／雪松编著. — 成都：成都地图出版社有限公司，2021.1（2022.4 重印）

ISBN 978-7-5557-1297-8

Ⅰ. ①捕… Ⅱ. ①雪… Ⅲ. ①儿童教育－家庭教育 Ⅳ. ①G781

中国版本图书馆 CIP 数据核字（2020）第 271562 号

捕捉儿童敏感期（插图升级版）
BUZHUO ERTONG MINGANQI（CHATU SHENGJI BAN）

编　　著：雪　松
责任编辑：陈　红
封面设计：松　雪
出版发行：成都地图出版社有限公司
地　　址：成都市龙泉驿区建设路 2 号
邮政编码：610100
电　　话：028-84884648　028-84884826（营销部）
传　　真：028-84884820
印　　刷：三河市众誉天成印务有限公司
开　　本：880mm×1270mm　1/32
印　　张：6
字　　数：136 千字
版　　次：2021 年 1 月第 1 版
印　　次：2022 年 4 月第 4 次印刷
定　　价：36.00 元
书　　号：ISBN 978-7-5557-1297-8

伴随着一声嘹亮的啼哭，一个鲜活的小生命来到了这个世界上，望着孩子稚嫩的小脸蛋，父母的内心除了感动与自豪，更多的是一份责任。从出生到小学入学，是孩子重要的成长期，也是他们心理、语言、人格、品性、行为方式等形成的关键时期。这一阶段的敏感期一个接一个地出现，尤其是0—6岁孩子，可塑性非常强，如果给其灌输乐观、勇敢、礼貌、知识无价、人生美好等关键词，那么这些优良的品性与思想，将伴随孩子的一生，令其受益终生。我们无法预知孩子能否成为科学家、文学家、政治家、音乐家、艺术家，但敏感期度过得越平稳的儿童，其人格和心智状态就形成得越好，未来也越容易成为一个不断完善自我、成就自我的人。

人们常常说教育孩子不能输在起跑线上，而这场比赛实际上在孩子出生的那一刻就开始了。新生儿从一出生就开始接触这个未知的世界，大量的信息涌入孩子脑中。婴儿时期、幼儿时期、儿童时期，你如何和孩子一起度过这些关键的敏感期？如何抓住敏感期间的关键时刻给孩子最好的教育？本书旨在帮助家长了解最基本的教育学、心理学知识，掌握科学的教育方法、技巧，用心理学的规律去帮助孩子，培养出真正优秀的孩子。针对孩子在心理需求、人际交往、自控能力、思维能力、自立能力等方面可能存在的问题，本书还为家长提供了切实可行的实操方法，从而揭开孩子行为背后的心理真相，帮助家长避开教育中的暗礁。

阅读完本书后，你会惊讶地发现，原来帮助孩子度过敏感期如此重要。本书内容贴近现实生活，有理论总结也有实践方法，可谓科学实用。书中收录的典型实例极具参考价值，让父母了解儿童的成长规律，破解儿童内心的秘密，帮助孩子顺利度过每一个敏感期，成长为一个优秀的孩子。每个孩子都是珍贵的存在，每个孩子都可能成为栋梁，而每位父母，都可能是优秀的教育家。

让我们一起关注孩子每一个重要的成长节点，作出最好的选择。衷心祝愿每位父母都能做有智慧、懂教育的好家长，每一个孩子都能受到最好的教育，都能健康快乐地成长。

2020 年 6 月

目录
contents

第五章 │ **2—3 岁幼儿早教方案**

第一章

捕捉儿童敏感期

敏感期——儿童成长过程中的黄金时期

多样的敏感期行为

冲冲今年已经6岁了，从他出生的那天起，妈妈就为他准备了一本成长日记，准备作为冲冲18岁的"成人礼"。这本成长日记有个特别的地方：每页上边记录了孩子的表现和妈妈的心情，下边妈妈用另一种颜色的笔写下了孩子有这种表现的原因。虽然带孩子是一件很辛苦的事情，但是每当翻开这本成长日记，妈妈的脸上总是会浮现出幸福的微笑。

"我的宝宝好可爱！他来到这个世界已经3个月了！离开他一会儿我都觉得想念得很。我每天都会拿着小玩具在他眼前晃，而他的眼睛也会滴溜溜地跟着玩具转来转去。孩子的眼睛真的很纯净，黑白分明。不写了，我要去看宝宝。"

孩子所有的感官中，最先发育的是视觉。视觉能力发育的关键时期是在1岁之前的婴儿期。3个月大的时候，孩子的眼睛已经可以跟随物体运动，也能把视线固定在某一个物体上。所以，有色彩或者运动的物体都能吸引孩子，这些都能促进孩子视觉的发育。

"冲冲到底喜欢谁呢？前两天我们和冲冲一起睡觉，他爸爸随手抓过我的枕头放在了头下面，冲冲使劲儿推开了他爸爸，嘴里嘟囔着：'妈妈的枕头，爸爸不用！'我当时心里那个开心啊，很骄傲地冲着老公挤眼睛！结果昨天冲冲就来了个180度的转变。我们去郊游，我拿过他爸爸的帽子戴上，没想到冲冲一下就把我头上的帽子摘了下来，给他爸爸戴上了。这下轮到老公冲我挤眼睛了。"

其实这与孩子喜欢谁并没有多大关系，因为他正处于秩序敏感期，对物品所有者的秩序感非常敏感。孩子都需要一个有序的环境来帮助其认识周围事物各个部分之间的关系，这样才能让孩子更适应环境，行动更具有目的性，并且在建立秩序感之后找到自己最喜欢的生活方式。

"冲冲今天变成了一个'坏孩子'。我去幼儿园接他的时候，他竟然对我说了一句：'坏妈妈，我踢死你！'听到这句话，再看看孩子那认真的表情，我的心里别提多难受了！"

这是孩子进入语言敏感期的表现。当孩子的语言能力进一步提高之后，他会发现语言具有力量，尤其是具有强烈感情色彩的词汇竟然拥有让别人生气的力量。所以，孩子骂人的时候其实是在验证语言的威力。此时最好的应对方式就是淡定，不作出任何反应。

"冲冲学会走路以后，活动范围增大了，喜欢的东西也越来越多了。今天我不小心把他房间里的一个小盒子打翻了，里面的东西都是冲冲的'宝贝'——碎纸片、小树叶、小纽扣、黄豆粒……看到自己的'宝贝'被打翻，他迅速冲了过来，把这些东西一个一个捡起来，然后小心翼翼地放进了小盒子里。这孩子，以后不会成为'破烂王'吧？不过也好，行行出状元嘛！"

其实并不是孩子爱上了"收破烂"，而是他进入了对细微事物感兴趣的敏感期。在这个时期，孩子开始喜欢观察和收集琐碎的事物。如果这时候忽视了对孩子观察细微事物能力的培养，孩子长大以后就会成为一个粗心的人；如果对孩子的引导得当，孩子就会具备惊人的观察力和探索能力。

冲冲妈妈的这本日记记录了孩子每一天的变化。而6岁前，孩子的成长确实可以用"日新月异""突飞猛进"来形容，因为此时他们正处于一个接一个的敏感期。在这些时期内，孩子受到内在生命力的驱使，专心吸收环境中某一个事物的特质，并且不断实践。每度过一个敏感期，孩子的智力水平就会上升到一个新的层面。孩子在敏感期的行为是多样的，而且富于变化性，成年人有时候会很难理解，无法理解的时候不妨放手给孩子一个宽松的环境，让他快乐地度过这一生只有一次的特殊时期。

敏感期决定孩子的一生

大家都熟悉印度"狼女"的故事，两个人类女孩被狼群带大。当她们被带回人类社会的时候，一个七八岁，一个大约两岁。后来，小一点的孩子不幸去世了，而那个大狼女仅仅学会了几个单词，其智力水平只相当于一个普通的婴儿。

在第二次世界大战时期，一个士兵在森林里迷了路，在深山里过了20多年与世隔绝的生活。当人们把这个士兵带回人类社会之后，他只在开始的一段时间出现了语言障碍，说话的时候有些词不达意，但是没过多久他就能够顺畅地与人交流，把自己在深山中的生活讲给人们听。后来，这个士兵还娶妻生子，过上了正常人的幸福生活。

同样都是与世隔绝，为什么狼女和士兵的结局会有天壤之别呢？原因就在于儿童的"敏感期"。狼女所有重要的敏感期都是在狼的世界中度过的，即使人类想尽了办法也无法让她回归人类社会，而她的心智也永远不可能回到正常人类的水平。而那个士兵虽然在森林中独自度过了20多年的时光，但是促进他发育成长的所有敏感期都是在人类社会中度过的，他的心智已经基本定型，所以只需要短暂的恢复期，他就顺利地回归了正常的生活。

这些事例告诉我们，教育的关键期就是儿童时期，这个时期是孩子特定能力和行为发展的最佳时期。处于敏感期的孩子对于外界的刺激有着敏锐的感觉，很容易吸收环境中的信息。蒙台梭利曾经这样描述敏感期的孩子和外界环境的关系："孩子爱恋着环境，和环境的关系有如恋人同伴一样。"

虽然儿童的敏感期的种种现象是在幼儿的教育领域中被发现的，但是自然科学的研究也为这个时期的存在提供了证据。美国大学儿科神经生物学家哈利·丘加尼教授对婴儿大脑进行扫描后发现，婴儿大脑的各个区域在出生后会一个接一个地活跃起来，并逐渐建立起联系。科学家把大脑接收外部信息的时间段称为"机会之窗"。"机会之窗"会打开也会关闭，当它打开的时候，孩子学习知识会变得容易、轻松；当它关闭的时候，学习会变得艰难。其实，这个生理上的"机会之窗"就是幼儿心理学中的"敏感期"。

儿童的成长一旦错过了敏感期，就会留下或多或少的遗憾。有些敏感期可以得到弥补的机会，但是需要耗费更多的经历和时间；有些敏感期如果错过了，就终生难以弥补。如果孩子在敏感期受到干扰或者阻碍，身体的相关功能就会受到影响。可见敏感期的作用是举足轻重的，对孩子的一生都会产生影响。

敏感期是自然赋予孩子顺利成长的生命助力，为人父母者与其逼着孩子痛苦地学习某些技能，不惜一切代价让孩子赢在起跑线上，不如耐心地等待孩子敏感期的到来，让他们遵从心灵的指引，自发自主地快乐学习和成长。抓住敏感期，不仅会让学习变得轻松愉快，而且会事半功倍。

视觉敏感期

视觉也需要开发吗

意大利有一个男孩，他的一只眼睛非常"奇怪"，多位眼科大夫检查后得出来的结论都是一样的：在生理上，这只眼睛功能正常，但男孩的这只眼睛看不到任何东西。

这是怎么回事呢？原来男孩刚出生的时候这只眼睛轻度感染，医生就用绷带把它蒙了起来，两个星期后才拆掉。对于成人来说，眼睛被蒙上两个星期完全不会影响视觉，但是对于刚刚出生的婴儿来说却有着极大的伤害。

很多父母认为，孩子到了一定的年龄，视觉会自然而然地发展起来，有意识地去开发孩子的视觉根本没有必要。事实上，这种观点是错误的。无论动物还是人，在生命的初期，大脑还处于构建的过程中。任何一种感官的形成都需要接受一定的刺激后，与大脑中的中枢神经联系在一起才能正常运作。而上述案例中的男孩却在视觉与大脑中枢神经建立联系的时候被剥夺了接触外界刺激的权利，所以原本控制着那只眼睛工作的大脑神经也就慢慢退化了。

一般来说，孩子的视觉敏感期是从出生到 6 个月大的时候，父母一定要在这段时间积极地开发孩子的视觉。在日常生活中，父母可以通过一些小游戏有意识地训练孩子的视觉感知能力，比如可以准备一个手电筒和一块纱布，晚上用纱布把手电筒蒙上，这样光线就不会太强烈。打开手电筒的同时关上房间的灯，慢慢移动手电筒训练孩子用眼睛追逐光线。父母会发现，这时候孩子的目光会专注地跟随光束。不过，这个游戏不能玩得太久，当孩子对光束失去兴趣的时候，就应该停止。

需要提醒父母的一点是，游戏应该是在轻松的氛围中进行的，千万不要急功近利，为了训练孩子而强迫孩子做游戏。类似的游戏还有很多，父母可以多发现，多尝试。

悠悠的卧室的一面墙上贴了两排光碟。这是为什么呢？原来是有一次悠悠的妈妈回家带回来一张光碟，才 5 个月大的悠悠发现了这张光碟，十分兴奋地看了十来分钟，而且从那以后悠悠每次看到光碟都会露出开心的笑容。妈妈发现这种情况后，就翻出了十几张光碟贴在墙上，有时候还会变换一下光碟的位置。

其实，这也是一种开发孩子视觉的方法。5 个月大的孩子会对光碟感兴趣是因为他们正处于视觉敏感期，这个时候，孩子对光线明暗的对比十分敏感，而光碟常常会呈现出不同的明暗度，还能够折射很多物品的影像，而这一切都能吸引孩子的注意力。因此，孩子的视觉范围稍微扩大之后，父母都可以采用这个办法来开发孩子的视觉。

除此之外，为了开发孩子的视觉，父母还应该为孩子创造更丰富的视觉环境。一位妈妈分享了开发孩子视觉的经验。

我家孩子的婴儿床是可以调节角度的。孩子4个月大的时候，我就经常将他的婴儿床变换不同角度，这样，孩子就能够看到周围环境中更多的事物。除此之外，我还在他的床上挂了一些小玩具，其中有一个很特殊的洋娃娃，它的头很大，五官没有进行任何的艺术夸张和变形，我常常用这个娃娃来教孩子认识人的五官。我会指着娃娃的鼻子说："宝宝，这是鼻子，宝宝和妈妈都有鼻子。看，这是妈妈的鼻子。"然后，我会指着孩子的鼻子说："这是宝宝的鼻子。"这时候，孩子总会非常开心，"啊、啊"地回应我。

其实，对于半岁之前的孩子来说，一个五官分布合理的娃娃是必需品，因为当孩子的视觉能力得到发展之后，最先引起他兴趣的就是人的五官。当然，当孩子开始对五官感兴趣的时候，镜子也是一种非常有用的道具。当孩子看到镜子后，会凑上去看镜子里的自己，如果父母在镜子前教孩子识别五官，这不仅有利于孩子视觉的开发，而且还能帮助孩子了解镜子里的人就是他自己，从而提高孩子的认知水平。

一位妈妈曾经在女儿的床边放了一面镜子，孩子一觉醒来总是会先去寻找镜子，有时候还会翻个身去照镜子。后来，这位妈妈发现自己女儿的翻身和抬头能力明显高于同龄人。

孩子稍大一些之后，父母可以让孩子去接触各种形状的东西，比如一些瓶瓶罐罐、勺子、餐盘等，虽然孩子可能并不知道这些东西是用来做什么的，但是让他去接触这些东西，就能提高他的视觉注意力。

人们常说，"眼睛是心灵的窗户"。视觉是其他感觉的基础，只有打好视觉基础，孩子的触觉、听觉等才能更直接、更具体，也更敏锐。所以，父母一定要抓住孩子视觉发展的敏感期，利用各种方法和道具开发孩子的视觉，进而提高孩子的认知能力。

教宝宝认识世界的颜色

4 岁的莉莉开始对色彩产生了浓厚的兴趣。每当她进入幼儿园的教室，就会马上拿出自己的图画书，在上面认认真真地进行涂色。老师总是夸莉莉的色彩搭配越来越协调，涂的颜色越来越好看。

莉莉回家也不闲着，画画的时候，她能够在书桌前坐上几个小时。就算妈妈喊她吃饭，她也会对妈妈说："妈妈，我想涂完这幅图再吃！"妈妈知道这是女儿在享受色彩敏感期，也就没多说什么，不一会儿，莉莉涂完了，把作品展示给妈妈看完之后才去洗手吃饭。

吃过午饭，莉莉又坐在书桌前开始了下午的涂涂画画……

孩子在 3—4 岁的时候就进入了色彩敏感期。一开始的时候，他们非常喜欢各种色彩。这时候，父母可以有意识地拿一些色彩鲜艳的东西来吸引孩子的注意力；可以给孩子买比较简单的 8 色或者 12 色的画笔，再告诉孩子这些是什么颜色，同时在纸上画一下，这样可以加深孩子的印象，激发他们认识色彩的兴趣。

父母也可以准备一面棱镜，把它放在阳光下，将七色光都反射在地板上，让孩子仔细观察这些色彩，但也要注意做游戏的时间，不要让孩子失去兴趣。之前我们提到光碟可以帮助孩子提高视觉敏感性，其实光碟也可以帮助孩子认识色彩。父母可以把光碟的背面展示给孩子，变换角度，告诉孩子那些都是什么颜色。同时，注意不要让反射的阳光伤到孩子的眼睛。

当孩子再大一些的时候，就会进入触摸、感知色彩的敏感期，大多数孩子都会爱上涂色游戏。儿童心理专家指出，孩子涂色的过程也是为以后的书写打基础的过程，只有通过最开始的乱涂乱画阶段，他们的书写才会有规律。父母可以给孩子准备油彩让他们自由创作，也可以跟孩子一起参与到涂色游戏当中，与孩子一起感受其中的乐趣。

关于色彩的使用，父母或者老师的诱导是非常重要的。如果没有大人的诱导，孩子基本上不会使用色彩，有时候画一张画只使用一种色彩。虽然父母应该引导孩子使用色彩，但是不能强迫孩子。如果发现孩子只使用一种色彩，你可以用商量的语气引导他是不是再加上一种色彩更漂亮，千万不要要求孩子按照你的想法去涂色，那样不仅会打击孩子认识色彩的积极性，也会阻碍孩子创造性的发展。

父母也要知道，孩子的发展具有不一致性，有的孩子色彩敏感期可能会提前到来，有的可能会延迟。所以，父母不要觉得孩子不喜欢认识色彩、不喜欢画画就强迫孩子去学习，要耐心等待孩子色彩敏感期的到来。

听觉敏感期

有声音就有吸引力

4个月大的宝宝又哭了，妈妈赶紧拿出刚买的小铃铛，在宝宝面前摇晃起来。这时候，清脆的铃声响起，宝宝就像接到命令一样，立刻停止了哭泣，眼睛开始跟着妈妈手中的小铃铛四处乱转。

妈妈继续摇动铃铛，孩子继续目不转睛地看，妈妈看宝宝这么认真，就对宝宝说："宝宝，这是小铃铛，会响的小铃铛。"说完又摇了一下铃铛。这时候，孩子的小手开始伸出来，向着铃铛抓去。

还有一个孩子非常奇怪。如果房间里突然没了声音，原本安静的孩子就会哇哇大哭。妈妈发现了这种情况之后，在房间里做事的时候就会故意发出一些声音，或者自己哼唱一些儿童歌曲。每当房间里有声音的时候，孩子就会安安静静的，不再哭泣。

从以上案例中我们可以看出，孩子其实是很喜欢有声音的环境的。很多父母为了给孩子一个安静的生活环境，说话总是细声细语，走路也总是悄悄的，其实这是完全没有必要的。让孩子生活在正常的环境中是最有利于孩子成长的，这样他就不会对家里过于安静的气氛感到恐惧。

孩子刚出生的时候，视觉与听觉是分开的，互不影响，对外界环境的刺激不能作出一致的反应，但是孩子0—2岁这一阶段，既是视觉发育的敏感期，也是听觉发育的敏感期。所以，在这个时期，父母应该有意识地给孩子提供一些刺激，这种刺激既可以训练孩子的听觉，也可以训练孩子的视觉。其实，第一个案例中妈妈的做法就很好。这样既可以同时提高听觉和视觉，也能够让这两种感觉协调发展，提高孩子反应的灵敏度。

要抓住孩子的听觉敏感期，妈妈可以试试以下几种小游戏：

1. 运用有声音的玩具

妈妈可以把玩具放在离孩子25—30厘米的位置，一边让玩具发出声音，一边缓缓地移动玩具。当孩子听到声音时，他的视线也会跟着玩具一起移动。妈妈要注意的是，玩具移动的速度一定要慢，如果过快的话，孩子的视线跟不上，就失去了提高孩子反应灵敏度的效果。当孩子对一种声音失去兴趣的时候，妈妈可以换另外一种有声音的玩具，或者休息一会儿再继续玩。

2. 让孩子听听舒缓的音乐

不要以为孩子小就听不懂音乐，他们同样会被美妙动听、节奏流畅的曲子所吸引。所以，妈妈可以选择一些经典的曲目来刺激孩子的听觉，但是要注意的是，音乐的音量不能过大，也不要选择那些情感变化剧烈的曲子。

3. 在孩子的耳边呼唤他的名字

妈妈可以与孩子面对面，确定孩子把注意力放在自己身上之后，在他耳边轻轻呼唤他的名字，当孩子向一边转头的时候，再到孩子的另一边呼唤他的名字。这样就可以提高孩子的注意力和对外界刺激的反应能力。

做以上游戏时一定要注意：不管是父母发出的声音，还是玩具或者音乐的声音，一定都要柔和动听。那种成人听到都感觉很不舒服的声音一定不要给孩子听。同时，不要让孩子长时间听同一种声音，否则孩子会丧失对这种声音的敏感度。

孩子喜欢"妈妈腔"

研究表明，很多孩子都喜欢听"妈妈腔"，什么是"妈妈腔"呢？妈妈腔是一种被很多妈妈发现和使用的能够提升孩子听觉和智力的说话腔调。

科学家曾经做过这样一个实验。

他们将一个陌生女子的录音放给一些 4 个月大的孩子听。录音的内容分为两部分：一部分为这个女子用成人腔调对孩子们说话；另一部分为这个女子用"妈妈腔"对孩子们说话。研究结果发现，孩子们听到第一部分的录音时几乎没有反应，但是当听到第二部分录音的时候，他们就会不停地转头，寻找声音的来源。

这个实验证明：婴儿的确喜欢听"妈妈腔"。通过进一步的研究，科学家们发现婴儿能辨别出"妈妈腔"的最小年龄在5周左右。

读到这里，很多妈妈可能会产生疑问，到底怎么说话才是"妈妈腔"呢？我们通过一个案例来了解一下。

一位妈妈领着两岁多的女儿到公园去游玩。她们都看到了池塘里非常漂亮的小金鱼，于是妈妈就带着女儿来到池塘边，并指着金鱼对女儿说："这是金鱼。"女儿听了并没有表现出任何的情绪波动。这时候，妈妈换了一种腔调对孩子说："宝宝，你看，这些都是小金鱼，会游泳的小金鱼。过来看看，它们是怎么游泳的！"女儿听了这一番话，很开心地凑到池塘边观察金鱼，还给妈妈表演金鱼游泳的姿势。

上面那位妈妈用的第二种腔调就是所谓的"妈妈腔"。"妈妈腔"具有以下特点：

1. 语速要缓慢

只有这样孩子才更容易接收你的信息。虽然孩子拥有无穷的潜力，但是孩子在理解语言的时候还是比成人慢得多，所以想要和孩子更好地交流，就要有耐心，放慢语速。

2. 发音要清晰

孩子的语言能力都是通过模仿学习来的，所以"妈妈腔"要字正腔圆。这就要求妈妈一定要发音清晰。

3. 语句要简短

长句子是说给成人听的，孩子不懂语法规则，更听不懂语气变化所带来的含义变化，所以要让孩子充分理解你所说的话，就要简洁明了。

4. 适度重复

只有不断地重复，孩子才能充分地消化你所说的内容，否则，无法对孩子的大脑产生刺激。

5. 内容要具体

比如说一朵花漂亮，一定不要直接问孩子"这朵花漂亮吗"，因为以孩子的词汇量，他们还不知道什么是漂亮。父母说话的时候要具体地描述花朵如何漂亮，只有这样孩子才会循序渐进地掌握更多的抽象词汇。

在使用"妈妈腔"的时候，父母要注意避开两个误区。首先，"妈妈腔"不是妈妈的专利，它只是一种特别的腔调，这种腔调妈妈可以用，爸爸也可以用。其次，"妈妈腔"不是儿语。很多小孩子说话的时候会把"是的"说成"细的"，把"老师"说成"老西"，这是一种错误的发音，但是父母往往觉得这很可爱，常常用这种发音和孩子说话，其实这会让孩子养成不良的说话习惯，以后再纠正就会很难。

"妈妈腔"也是有有效期的。孩子6岁之后，已经掌握了基本的语言技能，理解力和抽象思维也有了很大的发展，如果此时父母依然用"妈妈腔"和孩子说话的话，反而会阻碍孩子的发展。

口腔敏感期

口是探索世界的工具

一位妈妈这样讲述自己家的孩子。

我的孩子现在一岁半了，我经常带着他到楼下的小花园里玩耍。最近我发现孩子特别喜欢用手抠地上的土，而且还把捡到的东西都放进嘴里。我跟孩子说过不要用手抓脏东西，更不要把脏东西放进嘴里，可是孩子就像没有听懂一样，还是抓到什么都往嘴里塞。这样下去，我真的害怕孩子因为吃了脏东西而生病。

上面的现象并不是个例，另外一位妈妈也有同样的困扰。

女儿 14 个月大的时候已经学会用手抓东西了，凡是抓在手里的东西她一定会送进嘴里"检验"。最开始的时候，连自己的手和脚也不放过。现在，女儿开始咬东西了，见到什么咬什么。有些人看到女儿这样总是会忍不住阻止她，每当这个时候，她总会痛苦地大声哭喊。我就会走过去告诉那些大人不要打扰孩子的"工作"。

话虽如此，但是我也有自己的担心，因为不知道她放进嘴里的东西是否安全，所以我只能时时刻刻都盯着她，生怕她把瓜子壳、硬币等吞进肚子里。还有一次，女儿将带皮的橘子瓣想都没想就放进了嘴里。我刚想上前帮她把橘子皮剥下来，就见她皱着眉头把橘子皮吐了出来，吃掉了橘子瓣。我笑了，"看来孩子还真是用口来认识世界的！"

一般来说，孩子的口腔敏感期集中在出生到2岁，在这一阶段，孩子会把自己的大部分注意力放在口上，但是随着年龄的增长，孩子的手和其他器官也会出现敏感期，此时口就不再是探索世界的主要方式了。

口腔敏感期持续时间的长短和孩子所处的环境有很大的关系。如果在这一阶段中父母能够给孩子一个宽松的环境，让孩子尽情地去"品尝"世界，探索世界，那么孩子的口腔敏感期会很快过去。但是如果父母强行阻止孩子，这段敏感期可能就会持续很长时间，因为孩子是通过口让自身与外界建立联系的。如果没有与外界建立起良好的关系，那么孩子的口腔敏感期是不会停止的。

为了让孩子顺利度过口腔敏感期，父母应怎样帮助孩子呢？

1. 尊重孩子的口腔敏感期

父母要允许孩子用口去品尝味道，去探索世界，否则就会引起孩子的不满。上述第二个案例中，当孩子遭到阻止的时候会哭闹就是孩子反抗的表现。为了让孩子快速地度过这段敏感期，父母首先应该明确口腔敏感期的存在并且尊重孩子的口腔敏感期。

2. 尽量满足孩子的需求

知道孩子进入口腔敏感期后，父母应该尽量满足孩子的这一需求。如果父母没有满足孩子的需求，那么孩子极有可能去抢别人的食物，拿别人的东西。如果孩子养成了这种坏习惯，以后再想纠正是很困难的。为了避免上述情况，父母应该最大程度地满足孩子的探索需求，支持孩子的探索行动，只有这样，孩子的这段敏感期才会迅速结束。当然，父母也要注意孩子的安全，把一些危险的东西，比如剪刀、图钉等物品放到孩子看不到的地方。

3. 关于卫生的问题

其实，对于孩子的口腔敏感期，很多父母最担心的就是卫生问题，因为此时的孩子分不清东西是否干净，所以不管拿到什么都会放进嘴里。在家里的时候，父母可以先把孩子喜欢放进嘴里的东西洗干净。在外面的时候，父母可以试着转移孩子的注意力，比如当孩子捡到小石子的时候，自己也可以捡起一颗小石子扔向远处，然后对孩子说看看谁扔得远。这样，孩子把石子放进嘴里的概率就减小了。

吃手的现象

小兰今年已经5岁了，但仍有吸吮手指的习惯。父母每每看到她的这种行为就严加斥责，甚至打骂。然而，孩子仍然难以改掉这种习惯，往往下意识地将手指塞进嘴中。如今，小兰的右手食指已经有一些畸形，焦虑的父母还发现一个现象，每当小兰紧张不安时就会选择这种方式慰藉自己。

在日常生活中，只要稍加留意，就会发现身边有孩子在吃手。如果你的孩子还不到3岁，那么这种情况不必特别在意。有统计表明，90%的正常儿童都有吃手的行为，特别是儿童长牙的时候，这是儿童成长过程中的正常现象。

心理学家认为，孩子长到2—3个月大的时候，随着大脑皮质的发育，孩子学会了两个动作，一个是用手在眼前晃动，并盯

着自己的手看；另一个就是吃手。因为孩子最开始是以口来感知外界的，他们就是用这种特殊的方式来认识自己身体的各个部分的。6个月左右的孩子看见什么东西都喜欢把它放进嘴里，吃手也是同样的道理。吃手可以说是智力发展的信号。随着时间的推移，大部分孩子不用父母操心就可以改掉这个习惯，因为对他来说，这个世界更大了，他会发现更多有趣的事情。所以，6个月左右的孩子喜欢吃手并不是什么大问题。

孩子6个月到3岁期间的吃手通常是为了排解无聊。此时，吃手就是孩子的心理安慰剂。他们往往在自己的某种需求得不到满足的时候用吃手来稳定自己的情绪，这一时期的吃手现象也不需要纠正。但是需要父母反思自己是不是平时没有花足够的时间陪孩子玩耍，孩子身边的环境是不是过于单调，等等。如果父母没有发现这样的问题，那么孩子吃手并不是什么大问题，自然而然就会变好。

不过，心理学家进一步指出，孩子在两三岁时吃手是很正常的，但如果到了四五岁甚至更大时还吃手的话，就有些不正常了，这需要引起父母的注意。

那么，应该如何矫正孩子吃手这一习惯呢？

1. 要发现并消除环境中的紧张因素

如果父母关系紧张，经常吵架，或者对孩子要求过于严格，经常打骂孩子等，都会加剧孩子吃手的毛病。只有温馨轻松的家庭氛围，才能稳定孩子的情绪，更有利于孩子改掉吃手的坏毛病。

2. 父母的暗示

在孩子出现吃手、咬指甲等行为时，父母就叫嚷："看，他又在吃了！"这样做，不仅不能帮助孩子改掉这种坏毛病，反而可能会让情况恶化。当孩子听到叫嚷时会感到紧张，越紧张，就越会不由自主地吃手。因此，父母不要总是神经质地监视着孩子。

3. 父母要分散、转移孩子的注意力

可以培养孩子的兴趣，让他有事可做，比如画画、搭积木，也可以让他帮助父母干点家务。这样，孩子吃手的次数就会逐渐减少，而这种不良的行为习惯也可能得到改善。

4. "厌恶疗法"

在孩子的手指上抹上一些黄连素或者胡椒粉，让他在吃手的时候产生难受的感觉，最终对吃手产生一种厌恶感，这样可以帮助改善这种不良行为习惯。不过，需要注意的是，这是下下策，父母最好还是耐心地帮助孩子克服吃手的毛病。

嗅觉敏感期

固定的气味带来安全感

孩子天生就有嗅觉，那么嗅觉还需要培养吗？这是一个见仁见智的问题。有些人可能会说虽然人的嗅觉没有视觉和听觉那么重要，但是训练过和没训练过还是有差别的；另一些人可能认为我的孩子长大不当闻香师、调味师、调酒师……训练嗅觉没有必要。其实，嗅觉的功能远远不止闻味道那么简单，它在人类出现的早期曾经起到过重要的作用，早期的人类可以依靠嗅觉来避开危险的环境和事物。嗅觉是一种凭直觉作出反应的感觉。人类可以通过嗅觉来避开很多潜在的危险，比如很多人如果闻到难闻的气味会主动避开当前环境，这就是嗅觉的功能之一。

当然，嗅觉除了可以帮助人类避开危险的环境和事物，也可以帮助人们获得安全感。如果到了一个气味与家里很相似的地方，人们通常会感到放松和舒适；如果这个环境的气味与自己喜欢的气味大相径庭，人们就不自觉地感到紧张。

研究表明，孩子刚出生就具有了一定的嗅觉功能，而且是非常灵敏的，他们能够很轻松地识别母亲的气味。

曾经有科学家做过这样一个实验：当孩子哭闹不休时，将留有母亲气味的衣服放在孩子的枕头下面，就可以帮助孩子安然入睡。有的孩子即使在睡觉的时候，也能够轻松地辨别出躺在自己身边的是不是自己的妈妈。还有人做过这样的实验：一位妈妈抱着不属于自己的孩子给其喂奶，孩子凭着灵敏的嗅觉知道这不是自己的妈妈，所以拒绝吃奶。

小皮皮刚刚出生不久，因为妈妈忙不过来，所以外婆过来帮忙带孩子。开始的时候，皮皮和外婆很亲，但是最近不知道怎么回事，只要外婆一抱他，他就开始放声大哭。妈妈觉得很奇怪，仔细观察之后发现外婆和以前并没有多大的变化，只是这两天染了头发而已。

皮皮的妈妈不知道，皮皮对外婆态度的变化就是因为外婆染头发所用的染发剂。染发剂通常会有很浓的气味，有的时候一周都散不掉。孩子已经习惯了外婆身上原来的气味，他知道那种气味没有危险，很安全。而当孩子闻到陌生的气味时，就会觉得自己来到了一个不安全的环境，就会很恐惧，也正是这个原因，外婆一抱起皮皮，皮皮就会哭闹。

熟悉的气味能够给孩子带来安全感，他知道熟悉的气味代表着安全的环境，知道自己没有危险，心情就会很平和。一旦周围的气味发生了改变，他就知道自己所处的环境有不熟悉的人或物品进入，他不能判断这个人或物品是不是有危险，只能靠大声哭喊来呼唤父母保护自己。所以，为了给孩子安全感，父母要保证孩子周围的气味相对固定。只有这样，孩子才能对周围的环境产生信任感，这种熟悉的环境也有利于亲子依恋关系的形成。

教孩子认识更多的气味

正如孩子对某些图案和声音偏爱一样，他对气味也十分敏感。当孩子闻到牛奶、香蕉等食物发出的香味时，会深呼吸；当他闻到酒精和醋等刺激性气味时，会扭头。在孩子出生仅一周的时候，他就会把自己的头转向自己母亲的内衣衬垫，而对其他母亲的内衣衬垫没有反应。嗅觉就像一个小雷达，时时刻刻搜索着美好的感受和安全的环境，并且指导孩子远离可能造成伤害的事物。因此，对嗅觉的训练是有必要的。如果孩子的嗅觉发育不健全，本来可以嗅出的味道不能辨别，这不仅会使孩子反应迟钝、辨别力差，也有可能让孩子对潜在的毒气、毒物、危险品不够警觉，最终不能及时回避、逃离，严重的可能会有生命危险。

训练嗅觉的关键就是要让孩子对于潜在的危险气味有一种本能的警觉，一旦嗅到气味不对，就应该迅速逃离。当父母带着孩子出去玩的时候，首先要带着孩子深呼吸，闻闻周围的气味，如果周围的气味不正常，就要带着孩子马上离开。时间长了，孩子就会对气味形成警觉性。

为了提高孩子嗅觉的灵敏度，父母要在孩子出生早期就开始有意识地训练嗅觉，给予孩子更多的嗅觉刺激。实验表明，孩子在出生1个月之内就已经拥有灵敏的嗅觉了，此时他们的嗅觉系统非常发达，能够分辨出不同的气味，一点点特殊的气味都能引起他们的注意。7个月大的婴儿能够分辨出芳香的气味，但是要很好地辨认各种气味，还需等到2岁左右才可以。

在孩子1个月大的时候，父母可以把孩子抱在怀里，让孩子闻闻不同的香水味。可以把一种香水放在孩子的鼻子下面缓慢地移动，如果孩子脸部肌肉抽动，就是他对这种气味有了反应。也可以在孩子洗澡的时候，让他闻闻香皂、爽身粉的气味，并且告诉他这是什么气味。

等到孩子稍微大一点，可以让孩子闻各种鲜花的香味。等他熟悉了这些气味之后，把孩子的眼睛蒙起来，让他闻着花香说出花的名字。做这个游戏的时候要注意，对孩子的嗅觉训练不可能一蹴而就，所以不要一次性选择过多的花朵，而且要选择气味对比强烈的鲜花进行区别。此外，要注意孩子的体质，如果孩子是过敏体质，要避免这项训练，否则会引起花粉过敏。父母可以开动脑筋，生活中有很多东西可以利用，比如蔬菜、水果、海鲜，或者蛋糕店等一些具有独特气味的地方。

父母还可以和孩子玩"闻香识人"的游戏。让孩子闻闻亲人的气味，然后蒙上孩子的眼睛，再让孩子嗅一嗅，并分辨闻到的气味是谁。虽说人的嗅觉没有狗的灵敏，但是人的鼻子同样能嗅出很多气味的细微差别，不同的人有不同的气味，对人类来说，这并不是不能区分的。

训练孩子嗅觉最好的场所就是大自然了，父母要抓住一切机会让孩子认识各种不同的气味。可以经常带着孩子去户外闻闻花草树木以及泥土的气味，也可以到海边感受一下略带鱼腥的气味。只要走入大自然，大自然的种种气味一定能够给孩子的嗅觉带来全面的冲击。

还有研究显示，用鼻子来呼吸可以提高大脑对气味的灵敏度，使脑电波波动幅度变大，这也会使大脑的运作更灵活。鼻子不通畅的人，气体无法上传到嗅觉细胞，可能会暂时或长期失去嗅觉，这会影响注意力和记忆力。所以，父母要提醒孩子用鼻子呼吸，改掉他们用嘴呼吸的习惯。

触觉敏感期

让孩子的双手自由舞动

公交车上，一位爸爸抱着四五个月大的孩子上了车。人们纷纷给这位爸爸让座。爸爸坐下后，孩子就伸着手要抓车上的吊环，爸爸不想站起来，但是孩子不依不饶，手一个劲儿地往上伸。爸爸只好抱着孩子站了起来，孩子抓着吊环，玩得十分开心。后来孩子玩够了，爸爸抱着他坐下，发现孩子的手仍然一刻都闲不下来，一会儿摸摸窗户玻璃，一会儿摆弄一下衣服，一会儿又去摸摸椅背。

6个月大的小伦也是这样一个手闲不住的孩子。前天他意外地发现了一条丝巾，于是就拿着这条丝巾来回挥舞，还把它放在地上拍打、揉搓。妈妈发现的时候气坏了，原来这是当年小伦的爸爸送给她的定情信物，两个人都很珍惜这条丝巾，但是现在已经变成小伦的口水布了。

前面我们说过，孩子认识世界时，最开始使用的工具是口。通过口与物体的亲密接触，孩子慢慢知道了什么是可以吃什么是不可以吃的，一般0—8个月大的孩子就能学会准确地使用口。实际上孩子不仅用口来认识世界，也可以用口来唤醒身体的其他部分。当孩子第一次把手放到嘴里的时候，其实就已经唤醒了手的知觉，从那时候开始他们就在尝试着用手来探索世界。

等到孩子口腔敏感期过去，触觉敏感期就来了。这时候的孩子总是一刻不停地挥舞着双手。有时候他们会把手放在物品上摸一下，然后握紧拳头，再张开，在父母眼里很无聊的动作，孩子却能玩上好几个小时。在大人看来非常简单的动作对孩子却有着特殊的意义，这是他们用手去捕捉事物、认识世界的一次次尝试，在不断尝试的过程中，孩子不仅通过摸、揉、扔、拽等动作感知这些物体，还在这个过程中了解到手是自己的一部分，增加了手的灵活度。

父母要充分尊重孩子的触觉敏感期，抓住这个时机提高孩子的触觉敏感度。首先，父母要给孩子用手探索的自由。孩子手的活动不仅仅是手的活动，还与孩子的智力发展水平紧密联系。如果父母对这些不了解，限制孩子用手的自由，还人为设置很多障碍的话，就剥夺了他们认识世界的机会。

父母还要开动脑筋，给孩子提供尽量多的物品，比如一些耐摔的东西。孩子喜欢摔东西并不是有意给父母找麻烦，而是他们发现了手的新功能——不仅能够抓东西，还能扔东西，这对他们来说是一个重大的发现，所以他们要不断地验证手的功能，借此来表明自己力量的强大。

现实中我们常常看到有些人非常善于做细活，比如缝纽扣、绣十字绣之类的，但是有些人面对这些东西却显得十分笨拙，有的甚至穿针都不会，这是因为每个人的手的灵活性不同，这与其在触觉敏感期所处的家庭环境有很大的关系。

孩子爱上黏糊糊的东西

兰兰是一个很爱吃香蕉的孩子。不过妈妈最近发现，香蕉对于兰兰来说已经不仅仅是食物了。在兰兰的眼里，香蕉已经成了最有趣的玩具。原来最近妈妈在喂兰兰吃香蕉的时候，当香蕉只剩一点时，她就会挥舞着双手向妈妈扑过来，用手紧紧地抓住最后的那一点香蕉，然后用手捏了起来。不一会儿，整个手上就糊满了香蕉。

第二天，妈妈为了防止兰兰捏香蕉，就把最后一点香蕉放进自己嘴里吃了。这下，兰兰可气坏了，大哭起来。妈妈没有办法，只好给兰兰重新剥了一根香蕉。兰兰一下就不哭了，接过香蕉就用手捏了起来。看到香蕉被捏成糊状，兰兰开心地拍手大笑。

从那以后，妈妈喂兰兰吃香蕉的时候总是会把最后的一点留给兰兰，让她尽情地用手去捏。

跟兰兰相比，因因的爱好更加"可怕"。她的"怪癖"是从一次失手把鸡蛋打碎开始的。那次她不小心弄碎了一个生鸡蛋，然后就试探地摸了摸里边的蛋清，这个发现让她很开心，她抓了满手的鸡蛋清给妈妈看，似乎是在向妈妈宣告一个重大发现。从那以后，因因就爱上了把鸡蛋打碎来玩。妈妈无奈之下只好把鸡蛋放在高处，防止女儿搞破坏。

通过上述两个案例，可能让很多父母都产生了共鸣："我家的孩子七八个月大的时候也是这样的，也喜欢这些黏糊糊的东西，喜欢玩香蕉、面团或者米饭。"其实这是孩子触觉敏感期到来的一个明显标志。

为什么孩子在触觉敏感期喜欢黏糊糊的东西呢？其实那是孩子在验证手的能力。孩子的触觉敏感期刚刚被唤醒的时候，他们知道了手可以抓东西，但是不知道手也可以改变事物，直到他们再一次通过偶然的机会发现原来自己拥有改变客观世界的能力。当他们抓到黏糊糊的东西时，发现这些东西在没有被手抓到的时候是一种形状，抓过以后就变成另外一种形状，这让他们产生了极大的兴趣，所以他们才会对香蕉和打碎的生鸡蛋如此感兴趣。在做这些游戏的时候，他们的脑子里在想："哇，原来手这么神奇啊！"在这个过程中，孩子体验到巨大的满足感和成就感。在孩子处于触觉敏感期时，如果在他们面前摆放两样东西，一个硬的一个软的，那么他们通常会去碰那个软的。

也许有的父母会产生这样的疑问："如果我们没有让孩子自由体验手的功能，会出现什么样的情况呢？"一般来说，孩子的触觉敏感期大多数出现在0—2岁这个阶段。如果在这个时期，父母没有给孩子提供软软黏黏的东西，孩子的敏感期可能就会相应延长。有可能当孩子到了四五岁的时候，他们会拒绝学习使用工具吃饭，而直接用手抓饭、抓菜来体验那种改变物体形状的感觉。

在触觉敏感期，父母还要开发孩子利用手来做精细动作的能力。那么什么是手部精细动作呢？用两根手指把细小的物品捏起来，这就是手部精细动作。训练手部精细动作对于孩子的智力发育具有很大的促进作用，可以大大提高孩子的认知能力，而且有助于空间感的建立。如果妈妈经常有意识地引导孩子去抓握细小的物品，不仅可以改变孩子的抓握方式，锻炼孩子指尖细小肌肉的协调能力，还能促进孩子神经系统的发育。

动作敏感期

孩子的世界变大了

笑笑刚刚出生的时候就像一个布娃娃，任由妈妈摆弄姿势。随着孩子学会了抬头、翻身、坐、爬等动作，她的世界明显变得更大了。现在她可以不用妈妈的帮助就爬到自己喜欢去的地方，似乎每一天都能发现新鲜的乐趣。

最近，两岁半的宁宁爱上了转圈。刚开始的时候，她总是不停地围着大人转来转去。有时候也会牵着大人的手在屋里转圈。只要一转，她就会非常高兴。后来，她觉得拉着大人的手转圈不过瘾，于是就开始自己在原地不停地转圈。妈妈总是很担心她转晕后摔倒，但是宁宁似乎很有分寸，每当快要晕倒的时候，就找个地方扶着休息一会儿。

这种转圈的游戏在大人看来可能会非常无聊，可是宁宁却玩得很开心。每次转完之后，她都会"咯咯"地笑，一脸满足的样子。

2 岁的丁丁最近喜欢上了扔东西。他最爱的游戏就是拼命把球扔进树丛里，然后再捡回来。把球捡回来的时候，丁丁就会开心地大笑，笑过之后就会把球换个方向扔出去，然后再去捡……

以上的几个案例中，孩子都在训练自己的动作，处于动作敏感期。蒙台梭利曾经说过："运动除了能够增强体质外，对心理发展本身也起着非常重要的作用。"

当然，孩子动作的敏感期也是探索空间的敏感期。通过运动，会让孩子产生空间感，形成空间的概念。就像第二个案例中的孩子喜欢转圈一样，实际上每个孩子都会有这么一个时期，这是因为他忽然发现自己生活在一个自由的空间里，所以就选择用转圈的方式来感知这个空间。

不过遗憾的是，很多父母并不了解孩子的动作敏感期和空间敏感期的重要性，他们甚至会以为孩子是在故意捣乱。很多孩子喜欢在这个阶段爬到高处再跳下来，很多父母会以有危险为理由阻止孩子这样做。还有些父母被孩子弄得精疲力竭之后会强制限制孩子的行为。这些父母的做法实际上严重阻碍了孩子的正常发展，科学研究也显示这样的做法是不科学的。父母要知道，孩子喜欢爬高和跳低是因为孩子有相应的心理需求。如果父母干涉孩子的行为，不仅孩子的心理需求难以得到满足，而且他们动作的发展潜能也得不到正常的发展。

但是需要注意的是，此时父母不要帮助孩子完成探索的动作，而是要在孩子身后做一个欣赏者。如果孩子在爬高的时候得到了父母的帮助，则会使他缺乏安全意识，因为有了被帮助的经验之后，孩子就会觉得，以后当他需要支点或者踩空的时候，一定会有人来帮助他。产生了这种错误意识后，孩子再去探索空间的时候很容易受伤。

爱做游戏的孩子更灵活

孩子学会用手之后，通常会爱上扔东西。合格的父母能够理解这是孩子敏感期的特殊行为，他们会试着包容孩子的行为，辛辛苦苦地为孩子捡东西。而优秀的父母则会让孩子玩的游戏变得更加有意义。

我的儿子最近爱上了扔东西，我想这不仅可以让孩子练习用手，还可以锻炼他的肢体协调性。有一天吃过晚饭，孩子又开始扔东西了。我把他最喜欢的皮球放到他手里，他很开心地拿着皮球笑了笑，然后就用尽全力扔了出去。我乐呵呵地跑过去把球捡回来交给儿子，儿子看了看我，又把球扔了出去，我又去捡回来交给儿子……这样重复了十几次之后，我装作很累的样子对儿子说："宝宝，爸爸好累啊！现在咱们换个玩法，我来扔，你去捡，好吗？"儿子正玩得开心，毫不犹豫地答应了。我把球扔出去之后，看着孩子慢悠悠地走向皮球，然后费劲地抱起来还给我的样子，真是有趣极了！这样孩子不仅锻炼了手的灵活性，还提高了身体各部分的协调能力。

这位爸爸的做法是很科学的。父母都可以试试与孩子玩这样的游戏。这样，孩子不仅在游戏中获得了快乐，还在不知不觉中练习了手部动作，提高了身体的灵活性。

当孩子开始尝试自己行走的时候，他们就到了动作的敏感期。这时候他们喜欢走路、爬坡，父母可以发明一些小游戏让孩子练习手脚的协调性。

星星的妈妈最喜欢与星星做的游戏就是"模仿小动物"。她会经常在温暖的周末带着星星到动物园去观察各种小动物，回家之后她就会对星星说："我们来做个游戏吧，让爸爸来说一种动物的名字，咱们一起模仿，看谁模仿得像，好不好？"于是，星星就在妈妈的带领下学兔子跳，学大猩猩行走。星星最擅长的就是学长颈鹿了，听到学长颈鹿的口令，她马上就会兴奋地趴在地上，然后四肢着地，把脖子伸得很长，爸爸妈妈每次都会被星星这个动作逗得大笑。

模仿小动物的游戏也是很受孩子们喜欢的。在这个过程中，父母可以根据不同的目的说出不同的动物。想要锻炼孩子双脚的协调能力，那就可以多说一些蹦跳的动物，比如兔子、袋鼠等。如果想要锻炼孩子四肢的协调能力，可以让孩子模仿一些四肢着地的动物。

游戏不仅可以给孩子的生活带来缤纷的色彩，对孩子的健康成长也至关重要。游戏可以让孩子在快乐中提高反应能力和肢体的灵活性，所以在孩子的成长过程中，父母一定要善于利用"游戏"这个工具。

不过父母要注意的是，这里所说的"游戏"是指孩子在生活中或者户外可以全身心参与其中的游戏，而不是电脑游戏。虽说电脑游戏也可以提高孩子的反应能力，但是并不能提高孩子肢体的协调性，不利于孩子的全面发展。

　　孩子在做游戏的时候，父母要尽量鼓励孩子，这样才会给孩子动力。千万不要看到孩子笨手笨脚就讽刺或者跟其他的孩子作比较。游戏的目的首先是给孩子带来快乐，父母千万不要本末倒置，把游戏看成是训练孩子的手段。只要孩子在游戏中玩得高兴，那就已经达到目的了。提高孩子的协调能力是需要时间积累的，孩子不可能通过一个游戏就变成身体灵活的运动员。

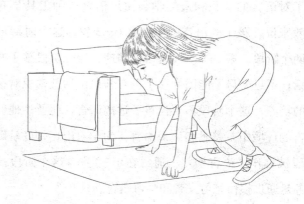

语言敏感期

感知语言，出生就开始的任务

孩子对语言的认识和最终学会使用语言这种工具是有规律的。一般来说，孩子的语言敏感期是 0—3 岁，这个时期可以被划分为两个阶段。第一个阶段是语言前期，这个阶段孩子并不会开口说话，不过父母不能因为孩子没有开口说话就忽视对孩子语言能力的培养。这个阶段不要让孩子远离语言，而要让他们时刻处于语言的环境中，熟悉和认识语言，为学习语言打好基础。第二个阶段被称作"语言期"，通常在 1—3 岁，这个阶段孩子的主要任务是通过模仿练习发音和学习语言。

学习语言的规律是先接收，再理解，最后是自己的表达。这就像是盖高楼，只有基础打得牢固，孩子日后的语言学习才能顺畅。

在感知语言的阶段，父母要为孩子准备优良的、丰富的、多元化的语言环境。有研究表明，孩子在出生几天后就能够辨别外界不同的声音，对妈妈的声音尤其敏感，他们甚至已经学会通过声音来判断妈妈的情绪。这都表明此时孩子对声音已经产生了敏感性。这时候，为了保持和进一步刺激孩子对声音的敏感程度，父母不必刻意保持房间的安静，而是应该让孩子慢慢熟悉生活中正常的声响。在这种自然的声响中，孩子对声音的感知能力会逐步得到提高。

2—3个月的时候，孩子就有了想要"说"的意识，他们感到舒服或者高兴的时候，会发出很满足的声音，比如"啊""哦"等。孩子越高兴，发出的声音就越多，所以父母要尽量为孩子创造一个舒适的环境，这样他们就会不断地进行发音练习，这实际上就是孩子学习语言的开始。此时，如果父母模仿孩子的声音会给他们带来极大的满足感，这同样可以激发他们继续学习发音的兴趣。

5—6个月的时候，孩子会对一些叠词非常感兴趣，这时候父母可以给孩子念一些类似"爸爸""妈妈""哥哥""妹妹"等词语。需要注意的是，父母不要把所有的物品都用叠字的形式告诉孩子，比如"桌桌""饭饭"等。虽然这一时期的孩子喜欢这类叠字，但是如果长期听到这样的词，会把孩子领进语言的误区，使孩子养成不良的说话习惯。

当孩子7—8个月大的时候，他已经开始理解父母的语言了。这时候的孩子可以听懂父母的简单指令并做出相应的动作，比如再见或者拍手等动作。这个时候，父母要抓住一切机会与孩子说话，无论是给孩子喂饭、洗澡还是穿衣服，都要一边说一边做，这样孩子就能把父母的语言和动作联系起来，逐渐形成自己的认知。

9—11 个月的时候，孩子已经会喊"爸爸妈妈"，还会用手指向自己想要的东西，用摇头来表示反对。这个时期的孩子对拟声词非常感兴趣，所以为了激起孩子学习语言的兴趣，父母可以在说话时多用一些拟声词，比如"小狗汪汪叫""自来水哗哗地流"等。孩子听到这些会非常开心，也会跟着去模仿。

对于孩子来说，前语言时期是他们掌握语言的基础，这时候他们最重要的任务就是感知语言，并且练习最基本的发音。父母一定要抓住这个敏感期对孩子进行语言的启蒙训练。

教孩子用语言代替哭泣

3 岁的洋洋正坐在客厅里专心致志地玩玩具小汽车，妈妈在厨房做饭。过了一会儿，洋洋忽然大哭起来。妈妈听见了，赶忙丢下手里的东西冲出去。她发现洋洋正在电视柜附近坐着，小手指着柜子下面，眼睛里噙满泪水。妈妈一看就明白了，是小汽车滑到了柜子下面，孩子拿不出来了。她对洋洋说："洋洋，告诉妈妈想要什么，说完妈妈给你拿！""汽车！"洋洋带着哭腔回答。"宝宝乖，你对妈妈说：'妈妈，我想要小汽车。'妈妈马上就拿给你。""妈妈，我想要小汽车。"洋洋听话地重复道。然后，洋洋拿到了妈妈给他的小汽车。

后来有一次，爸爸在书房看书，妈妈在卧室织毛衣，洋洋自己在客厅玩，忽然停电了，可是洋洋没有哭，只是一直喊："妈妈，快来！我怕……"

洋洋面对黑暗的屋子，能够做到不哭，而是用语言来表达自己的感受，这跟妈妈的引导有很大关系。因为在平时的生活中，孩子已经养成了这样的思维方式，遇到事情先用语言来表达自己的感受，或者用语言向父母求助。

当孩子进入语言敏感期的初期时，他们还习惯用哭泣来表示自己的心中的委屈、恐惧或者某种需求。这时候父母应该了解孩子的表达方式，并且试着让孩子用语言代替哭泣来表达自己的想法。

孩子进入语言敏感期后，父母要多多鼓励孩子用语言表达，而不是用哭泣来引起别人的注意。在语言敏感期，孩子不仅需要学习语言，还需要养成良好的思维方式，这就需要父母在日常生活中注意对孩子加强引导。

在生活中我们常常见到这样的场景：

孩子吃饭的时候不小心被烫着了，妈妈会这样安慰孩子："这饭真不好，把宝宝烫着了。宝宝不哭，我们把它倒掉！"

孩子走路不小心被石子绊了个跟头，结果孩子还没哭，妈妈就跑上前去："宝宝不疼，都怪小石子，咱们把它踢开！"

以上的两种场景可能会出现同样的结果，那就是孩子会放声大哭，这就是误导了孩子的思维方式。在孩子学习语言的敏感期，他们不仅要学习一些具体的名称，更重要的是要学习一些简单的逻辑思维方式。在上面的两个案例中，父母向孩子传达了错误的因果关系。孩子被烫到、摔倒，与饭、石子是没有关系的，这本是孩子自己不小心造成的，而且孩子也并没有把原因归结于其他事物，但是父母却自以为是地帮助孩子开脱，说了那么多"道理"，这就让孩子顿时感觉很委屈，于是就用"哭泣"来表达内心的"委屈"。

父母一定要牢记，当孩子因为某些意外觉得自己受了委屈并用哭泣来表达的时候，父母一定要理智，千万不要把责任推给无辜的人或物，而是要用语言告诉孩子真正的原因，让孩子形成正确的思维模式。当孩子学会正确思考问题时，就不会动辄大哭，而是会理智地用语言告诉父母自己面临什么样的问题，需要父母帮忙做些什么。

让"口吃"的孩子变成"辩论家"

李浩是一个聪明可爱的小男孩，但他有个小毛病——说话结巴。其实，李浩开口说话挺早的，也很流利。可是到了3岁的时候，突然变得结巴了。从那时候开始，李浩就接受了妈妈自创的言语矫正训练——播放教学录音让李浩模仿，但没有成效。时间长了，李浩觉得妈妈是在折磨自己，而妈妈却认为李浩的口吃是故意的，于是批评、苛责他。结果妈妈越着急，李浩就越害怕，越害怕就越结巴。后来，妈妈看到一篇相关的文章，上面说2—7岁的孩子结巴是正常的，于是就不再苛求他。果然，没有了妈妈的强制要求，李浩结巴的毛病逐渐好转了。在他6岁的时候，再也没有人能听出来他曾经是个"小结巴"了。

口吃不仅影响孩子语言的发育，还会损害孩子的心理健康，使他们产生心理压力，不自信，变得孤僻、羞怯、自卑。口吃的孩子情绪往往很不稳定，容易激动。他们害怕在大庭广众下讲话，害怕上课时回答老师的问题，也不愿意主动与同学交往。

口吃的症状有轻有重，这主要取决于讲话者本人。有不少口吃的人与自己的亲人讲话时不结巴；有些人在独自朗读时不会口吃；有的人在与人开玩笑时口吃比较轻，在开口向别人求助时口吃严重；大多数口吃患者在唱歌、自言自语、集体朗诵、合唱时，几乎没有口吃的情况。

虽然口吃是一种语言障碍，但几乎每个孩子都经历过口吃的阶段，孩子到底会不会成为一个口吃的人，与家庭教育有很大的关系。

说话不流畅是 2—7 岁儿童比较常见的生理现象。此时的孩子思维迅速发展，想用语言表达思想，但是往往找不到合适的词汇，在大脑中搜索合适词语来表达自己想法的过程中就会出现口吃。通俗来说，就是脑子快，但是嘴跟不上。这种口吃一般只是阶段性的。在这个年龄阶段，有很多孩子开始学数数、唱儿歌，但是说话的技能赶不上思维的速度，以语言为基础的思维发展快于语言功能，口吃就会更加明显了。但是随着孩子语言能力的逐渐完善，这种阶段性的口吃会慢慢减少直至消失。

那么为什么有的孩子没能顺利地度过这一阶段，反而变成了真正的口吃患者呢？研究表明，这与父母教育不当有直接关系。一些父母发现孩子口吃，就会时常提醒孩子注意，最后失去耐心，演变成严厉的责备。而孩子在这个过程中就对说话产生了不安、恐惧的心理，口吃现象就会变得更加严重，而这些又会换来父母更严厉的批评。最后，孩子和父母都陷入了恶性循环中，孩子也就真的成了一个口吃患者。

所以，当发现孩子出现口吃的毛病时，父母应该做到以下几点：

1. 耐心倾听，不要指责

父母要了解这是孩子成长过程中的正常现象，应该对此保持冷静，一定不要严厉地责备孩子，也没有必要提醒"你又口吃了，要注意"，因为这些都会加重孩子的紧张情绪，使他更加结巴。

2. 慢慢跟孩子说话

如果孩子的口吃问题比较轻，则不必采取任何措施，时间长了，口吃自然就会消失。如果孩子口吃现象严重，父母在和孩子讲话时，就应该降低语调，用缓和、拖长音的语气说话，这样孩子就会不自觉地去模仿这种说话方式，口吃也会得到缓解。

其实，在正常的发育阶段发现孩子口吃，父母完全没有必要过度紧张。当孩子的词汇量增加，思维和语言能力发展协调的时候，口吃的现象自然就会好转，反倒是那种过于紧张的父母更容易把孩子变成真正的口吃患者。

我在听音乐，给肚子里面的孩子胎教。

老人常说："三翻六坐七滚八爬。"其实这说的就是孩子的动作敏感期。

你可真用心！和胎教一样重要的还有出生后的敏感期。

敏感期是什么？我还真没关注这些。

敏感期就是孩子的"机会之窗"。当这扇窗被打开后，孩子学习各种能力与知识会变得轻松容易，这个生理上的"机会之窗"就是幼儿心理学中的敏感期。

这本书我一定会好好看的，谢谢你给我说了这么多！

那你给我讲讲吧。

孩子从出生开始，就进入不同阶段的敏感期，抓住敏感期，让教育事半功倍。我给你推荐一本书——《捕捉儿童敏感期（插图升级版）》。

敏感期是自然赋予孩子顺利成长的生命助力，让孩子遵从心灵的指引，自发自主地快乐学习和成长。抓住儿童敏感期，轻松教育好孩子。

高情商家教思维

1. 为什么说儿童的敏感期如此重要?

_____

_____

_____

2. 在培养孩子的过程中,你都抓住了哪些敏感期? 成果如何?

_____

_____

_____

3. 哪些敏感期你没有把握好,你采取过什么样的补救措施?

_____

_____

_____

4. 哪些敏感期你关注了,却依然收效不好? 你认为原因是什么?

_____

_____

_____

5. 如果你将有一个可爱的宝宝,你会列出一个计划以便很好地把
   握住孩子的敏感期吗?

_____

_____

_____

_____

第二章

刚出生到半岁婴儿早教方案

孩子的小世界——宝宝心理在变化

心理教育关键词——感受母爱

人们渴望着来自他人的爱与关注，有的时候还希望听到夸赞和美誉。宝宝也不是生下来就懂得爱的，"爱"同样需要有专门的教导，母爱在宝宝的成长中起着不可替代的作用。而妈妈与宝宝面对面的活动，则是最亲密、最有效的教育方式。

每个宝宝都有他独特的个性，请妈妈注意观察宝宝最喜欢的互动方式。多多亲吻他、拥抱他、对他说话、温柔地望着他，尽量用宝宝喜欢的表情、音调和姿势去照顾他，通过喂奶、换尿片以及一起嬉戏，增强你与宝宝互信互爱的基础。

宝宝的行为是有波动性的，难以持续。因此，互动应由宝宝带领妈妈来进行。一段时间后，妈妈要仔细观察宝宝喜欢哪种玩法，然后设计各种变化来吸引他的注意，并控制好互动时间，切忌使宝宝感到厌烦。

亲近妈妈，是每个宝宝与生俱来的天性。如果宝宝不愿意亲近妈妈，那么一定是母子的关系出现了裂缝。除了要观察宝宝喜欢哪些事物，也要观察宝宝在什么时候不愿意理睬你。当你一整天不在家，回来后宝宝是不是对你冷漠了？你要花多长时间他才会恢复正常？如果宝宝对与妈妈亲近并不感兴趣，那就需要妈妈多花些时间，用更热情的态度去爱他，日积月累总会有成效的。

心理教育"奶爸"不缺席

小石头刚刚出生几个月，现在他简直就是家里的"皇帝"，要风得风要雨得雨。有什么事情不满意，咧嘴一哭，爸爸妈妈马上就会在第一时间赶到，看看他出了什么状况。当爸爸妈妈帮他处理好之后，小石头就会看着爸爸妈妈，然后安静地进入梦乡。

妈妈是宝宝获取食物和安全感的最初来源，和宝宝之间的情感是最牢固的。其实，爸爸与妈妈迥然不同的养育风格对宝宝的健康成长同样起着至关重要的作用。

在家庭中，一个全心参与宝宝成长的爸爸更有利于孩子向正常的性别角色发展。在和爸爸的相处过程中，男孩会观察、模仿男性的语言和行为，渐渐表现出男子汉气概。女孩则接触到良好的、明确的男性榜样，并分清男女之间的差异，培养出良好的女性气质。在爸爸妈妈的衬托和对比之下，孩子能更好地理解男性和女性的含义，学会扮演健康的性别角色。

此外，"新手爸爸"通过照顾宝宝，如细心地给孩子喂饭、洗澡，哄孩子上床睡觉，给孩子讲故事，通过用自己的爱心和耐心为宝宝的成长全心全意地付出，爸爸们也能更好地理解家庭成员之间的关系，成为更负责任的好爸爸、好丈夫，这个新生的三口之家才会随着孩子的成长而健康地成长，夫妻关系也会因此更趋于成熟。

家庭是父母精心共筑的爱巢，父母共同的呵护让宝宝获得人生的第一份信任感，正是这种信任感让宝宝相信人与人之间存在着温暖和爱。

出生就开始的感官敏感期

研究证明，新生儿出生后不久就能察觉周围的光线，只是敏感性低于成人而已。而后，婴儿的视觉会迅速发展，6—12个月达到成人水平。

刚出生的婴儿分辨不出色彩。3个月后，婴儿开始能够分辨彩色与非彩色。4—8个月的婴儿最喜欢波长较长的温暖色，如红色、橙色，不喜欢波长较短的冷色，如蓝紫色；宝宝天生喜欢明亮的颜色，不喜欢暗淡的颜色。

新生儿出生后也有听觉反应，不仅能听到声音，还能区分音高、音强和声音的持续时间。连续不断的声音对婴儿能起到抚慰或镇静的作用。儿童的听力在12岁以前一直在增长，成年后逐渐降低。

此外，新生儿也能够感受周围的气味。实验证明，新生儿能够区分气味，而且对气味的空间定位也很敏感，会回避令人不快的气味。研究表明，在出生后的几天内，婴儿已能认别自己妈妈的气味。

灵敏的嗅觉可以保护婴儿免受有害物质的伤害，发达的嗅觉还可以指导婴幼儿了解周围的人和事物。

因此，刚出生的孩子也有自己的世界，他们会调动自己的五官来感受和熟悉周围的环境，为产生初步的归属感和安全感打下基础。

感官中的情感交流

早期教育实际上开始于母婴间的四种交流：

1. 触觉交流

哺乳是最常见的触觉交流，不仅为婴儿提供生长发育的营养，还为婴儿大脑触觉的产生和发展提供条件。当婴儿依偎着妈妈温暖的乳房时，他们的大脑中就会产生安全、甜蜜的信息刺激，这对他们的智力发育起着催化作用。妈妈经常抚摸、拥抱婴儿所产生的肌肤接触，也会获得同样的效果。

2. 视觉交流

婴儿出生 1 个月左右，眼睛尚未发育成熟。不过，他们对于人脸，特别是人眼已有识别能力。妈妈平时多与婴儿进行眼神交流，满足婴儿情感发育过程中的视觉需要，有益于其心理健康发育。

3. 嗅觉交流

婴儿的嗅觉相当灵敏，能嗅出妈妈的气味，由妈妈陪睡可以产生良性刺激，有利于婴儿的智力发育。不停更换陪睡者的婴儿，其心理经常处于紧张状态，睡眠时间和质量都比较低。

4. 听觉交流

婴儿出生 1 周后就能分辨人声和物声。细心的妈妈会发现，在对婴儿说话时，他会手舞足蹈，一副满足的模样。更重要的是，多与婴儿"对话"，还能使大脑正处在迅速发展中的婴儿很快学会发音，为随后的语言学习奠定良好的基础。

由此可见，年轻父母和婴儿需要进行密切的接触和交流。千万不要因为快节奏的生活等原因忽略了孩子，婴儿需要父母带他们认识这个充满爱的新鲜世界。

语言敏感期来临

宝宝满月之后，就开始越来越多地发出不同的单音节。在第一个月和第二个月的时候宝宝会用独特的喊叫来表达他们的开心，随着年龄的增长，他们会逐渐用更多的发音来代替喊叫。3个月左右的时候，宝宝就能开始像唱歌一样发出连续的音节。此阶段的宝宝特别喜欢和别人"聊天"，还经常自言自语，喝奶或者玩的时候经常"咿咿呀呀"地说个不停。自言自语是宝宝语言敏感期来临的标志。

此后，宝宝的语言能力会迅速发展。大概 5 个月的时候，宝宝就进入了牙牙学语期，也就是重复和模仿成人语言中所使用的音节。这个时期的婴儿会把辅音和元音结合在一起发出，形成类似"爸""妈"的单音节语音。不过，这些声音对宝宝并没有真正的意义。

9个月左右，宝宝的"牙牙语"达到高峰，此时他们不但会重复不同音节，还能发出同一音节的不同音调。虽然婴儿的"牙牙语"听起来像语音，并常常具有升降调，但是这些语言依然没有意义，不能被成人理解。

1周岁左右的孩子所说的"牙牙语"更加频繁、复杂，而且话语中也加入了他们所知道的音节，还会用类似句子的短语把它们说出来。也许在不久后的一天，你就会发现宝宝说出了第一句真正的话。这句话中，宝宝所说的那几个词语一定是在他的生活中非常重要的词汇，可能是熟悉的事物，也可能是重要的人物，比如"爸爸""妈妈""奶瓶"等。

视觉、听觉在进步

宝宝刚刚出生的时候，视距很短，仅能看到20—30厘米以内的东西。不过，宝宝的视觉能力发展很快，大约在2个月的时候就会具有调节视焦距的能力并逐渐加强，随后就能够分辨不同的颜色。大约在宝宝3个月大的时候，视觉能力得到更进一步的发展，不仅视焦距范围逐渐扩大，而且也开始认识颜色。他们通常会喜欢红、黄、橙等暖色，看到这些颜色的时候，通常会感到很愉快。

在听觉方面，新生儿就拥有良好的听觉敏感度，很小的声音都会引起宝宝细微的动作改变，如眨眼睛、动嘴唇等。宝宝满月之后会对成人说话的声音产生反应，不过他们最喜欢的还是妈妈轻柔的声音。等到宝宝3个月大的时候，他们不仅能够捕捉周围的声音，而且还能感受到声音的方向，并且主动寻找声源。

感觉是人类产生心理活动的基础，同时也与长大后的认知能力和学习能力紧密相关。其中，视觉是其他感觉的基础，孩子刚刚出生的时候，视觉和听觉并不是同步的，对外界刺激不能做出一致的反应。父母应该学习一些提高视力和听力的小技巧，帮助孩子更好地认识世界。可以在跟孩子游戏的时候，一边跟他说这是什么玩具，一边向他展示玩具，还可以把玩具放在孩子手中让他感觉一下。经过一段时间的训练，孩子的各种感觉能力都会变得更加协调，这也为孩子的心理健康打下了坚实的基础。

改变观察的角度——抬头

抬头是宝宝人生中的一件大事，它的意义首先表现在能够促进宝宝的生长。宝宝抬头会全身用劲，能够锻炼宝宝全身的肌肉，增大肺活量，促进血液循环。人体的脊柱从侧面看，正常情况下是呈现"S"形的，这种生理弯曲能够在宝宝跑跳的时候给予缓冲，保护宝宝的安全。不过，这种弯曲不是与生俱来的，而是随着宝宝动作的发展逐步形成的。宝宝的抬头就形成了第一个弯曲——颈曲。不过，这种弯曲还未固定，仰卧的时候可能会消失，所以应该多让宝宝趴一趴，让颈曲发育成型。

抬头这个动作对于大人来说非常容易，但是宝宝却会在抬头的过程中产生空间感并最终形成空间的概念。宝宝学会抬头之后，他的视野就变得更加开阔了，能够从不同的角度观察世界，这不仅对宝宝的心理发育有促进作用，而且还能促进宝宝的智力发育。

世界越来越大——翻身

翻身看似是一个简单的动作，却是宝宝学会的第一个移动身体的手段。当宝宝学会翻身，趴着抬起头看到一幅全新的画面时，他会感到兴奋不已，并且开始兴趣盎然地学习更加复杂的肢体动作，因此翻身对宝宝以后各方面能力的提高起着非常重要的作用，也会让宝宝对这个世界充满探索的欲望，形成健康的心理。

俗话说，"三翻六坐七滚八爬"。这也就是说，宝宝2—3个月大的时候会开始尝试着翻身。不过，此时宝宝的翻身还不是真正意义上的"翻身"，这个阶段主要是利用上身和上肢用劲，把头和上半身翻过去，臀部以下依然保持着仰卧位。大概5个月的时候，宝宝的几个翻身动作全部训练好了，他就能彻底从仰卧位翻到俯卧位了，还能用胳膊把上身支起并抬头，不过还不能自己翻回来。等到7个月的时候就可以轻松地翻滚了。

宝宝的身体发育情况不一样，所以翻身时间各不相同。不过，到了6个月宝宝还没有翻身的迹象，妈妈就要检查一下宝宝的身体了。如果宝宝过胖的话，翻身就会很困难，此时妈妈要多帮助宝宝进行翻身练习；相反的，如果宝宝营养不良的话就会导致宝宝没有力气翻身，所以要注意科学喂养，保证宝宝身体健康；如果给宝宝穿得过多过紧，被束缚住了也难以翻身，所以妈妈要尽量给宝宝穿些宽松舒适的衣服；如果发现宝宝有运动姿势异常等问题，要及时去看医生，请医生鉴定。

赢在起跑线上——早期教育小课堂

大动作能力提升小课堂

婴幼儿的大动作通常包括翻身、坐、爬、走、跑、跳、钻、投等。人的一生都离不开大运动，发展大动作能力对人的一生来说非常重要。

半岁左右的新生儿可以做到伸出手臂和双腿，俯卧的时候下巴能够抬起片刻，头能够转向某一边。

为了提高宝宝的大动作能力，父母可以采用以下的方法来进行能力提升训练：

1. 四肢运动

把宝宝放在铺好垫子的硬板床上，双手握着宝宝的双手，跟着音乐做运动，然后再抓住宝宝的双腿，跟着节奏运动一下。如果宝宝很开心，可以多进行一段时间；如果宝宝出现了烦躁情绪，要及时停止。

2. 抬头练习

父母可以把宝宝竖着抱起来，让宝宝的头靠在自己的肩膀上，然后把手稍微离开宝宝的头部，让宝宝的头部自然直立。但是时间不要太长，每天可以练习4—5次。

3. 俯卧抬头练习

选择宝宝空腹的时候，让宝宝俯卧在妈妈或爸爸的胸腹上，用双手抚摸宝宝的背部，保护宝宝，然后跟宝宝说话，逗引他进行抬头练习。

4. "走路"练习

利用宝宝的踏步反射，让宝宝经常做踏步动作，有助于宝宝提前学会走路，并促进大脑的发育。

精细动作能力提升小课堂

精细动作的发育主要是指手指功能的成熟，也就是宝宝的手变得越来越灵活的过程。宝宝的手先是四指与掌心的对捏，再是拇指与食指配合捏起东西；先是抓取事物，再是有意识地松手。

在此阶段，宝宝并不会有意识地使用手，但是手部动作的发展与宝宝的大脑发育有直接的关系，多动手，大脑也会发育得更好。宝宝的手掌上有丰富的触觉神经末梢，而手可以让宝宝感受到丰富多彩的世界。所以，此时父母要做的就是让宝宝尽情地挥舞他们的拳头，让他们自由地看手、吃手，也可以有意识地让宝宝多触摸一些玩具。

父母还可以把手指或者笔等放在宝宝的手掌里，宝宝大多能够握紧，但是不久就会掉下来。父母可以多次进行这项练习，以此来锻炼宝宝手的灵活性，让宝宝的手变得更加敏感。

此外，通过按摩来刺激宝宝手掌的神经末梢发展也是发展手部精细动作的一个好方法。父母可以握着宝宝的手，先按按手掌，然后依次进行到手指、指尖，让宝宝充分感受到手部肌肉的放松。

语言理解能力提升小课堂

很多人可能会觉得很奇怪，一个刚出生的孩子，除了哭几乎都不会发出声音，有必要提高他们的语言理解能力吗？答案是肯定的，而且越早对宝宝开始语言理解能力的开发，将来越容易学习和理解语言。

宝宝现阶段虽然很少发出声音，但是他们能够感受到周围的声音，而且对柔和的音调会有积极的反应。父母可以通过以下几种方式来帮助宝宝提高语言理解能力：

1. 和宝宝说话

无论是帮助宝宝做什么，都要用柔和亲切的声音和丰富多变的语调来和宝宝说话。妈妈要给孩子喂奶的时候，可以轻声对孩子说："宝宝饿了，妈妈来给你喂奶！"宝宝大哭的时候，可以温柔地问宝宝："宝宝怎么了？为什么哭呢？"在和宝宝说话的同时要看着宝宝，注意他表情的变化。

2. 模仿宝宝的哭声

这个方法可以引导宝宝发音，并且可以锻炼宝宝的发声器官。父母可以在宝宝啼哭的时候发出与宝宝的哭声类似的声音。听到父母的声音，宝宝可能会试着再哭几声。如此反复几次之后，宝宝就学会了喊叫，而不单纯是哭泣。

3. 鼓励宝宝发音

如果宝宝无意中发出了一个声音，比如"嗯""啊"等，爸爸妈妈都要对此给予表扬，并且模仿宝宝发出同样的声音。久而久之，这种发音就会印在宝宝的脑海里，为学会说话打基础。

感觉认知能力提升小课堂

从出生的时候开始，宝宝就会借助视觉、听觉、味觉、嗅觉、触觉等感官来熟悉周围的环境，认识事物的本质。蒙台梭利在提高宝宝感官敏感程度的时候利用了很多教具，比如听觉筒、触觉板等，这些教具可以更好地帮助宝宝发展感知世界的能力。

这些教具并不难做。只要有心，生活中处处都能够发现有利于宝宝感知觉发展的小玩具。

为了帮助宝宝提高视觉敏感度，父母可以选择一些纯色或者能发出声音的玩具挂在宝宝的床头。每次触动这些玩具之后，宝宝都会对这些玩具产生兴趣，并且会长时间注视这些玩具。这样每天进行几次，每次几分钟，不仅会使宝宝的心情愉快，而且孩子的视觉分辨能力也可以得到一定程度的提高。

要锻炼宝宝的听力，父母则可以试试把彩色带有声响的玩具放在距离宝宝眼睛 20—25 厘米处，确定宝宝注意到玩具之后，父母可以一边摇动玩具一边移动位置，宝宝的视线也会跟着移动。这样宝宝用听力来确定方向的能力就会得到提高，听觉也会变得更加灵敏。

社会交往能力提升小课堂

宝宝在学会用语言表达自己的感情之前，主要以表情作为与人交流的工具。他们能够充分运用面部表情、动作、姿态和声音向成人表达自己的生理和心理需求。

研究表明，宝宝 3 个月大的时候就会对走近的人露出笑脸了。如果有人逗他或轻轻触摸他的前胸和肚皮，他就会"咯咯"地笑出声来。心理学家认为，笑和认知能力的发展是密切相关的，微笑出现时间的早晚不是天生的，而是与后天的学习和经验有关。曾经有科学家做过研究，结果发现在孤儿院成长的婴儿比在正常家庭中成长的婴儿出现微笑的时间要晚 1 个月。这是因为几乎没有人对这些婴儿微笑，他们缺乏与人交流的机会。由此可见，丰富的环境刺激和温馨的家庭对婴儿的一生都具有重要意义。让宝宝笑口常开，不仅会让宝宝身心健康，而且会让宝宝得到更多的喜爱和关注，所以，让宝宝学会微笑对他今后社会交往能力的提升会有很大的帮助。

父母要怎样帮助宝宝提升他们的社会交往能力呢？父母不要把宝宝长时间放在婴儿床里不理不睬。有些人认为，如果宝宝一哭就抱很可能会把宝宝惯坏，所以有些父母非常"狠心"地把宝宝放在床上任他哭闹。其实，这是不正确的。在宝宝自我意识还没有萌芽的时候，父母对宝宝的哭声不能马马虎虎地处理，长期忽略会使宝宝感到缺乏温暖，得不到心理安慰。长时间的孤独、失望等消极心理对宝宝自信心的建立极为不利。除了要及时回应宝宝的需求，父母还应该经常与宝宝一起做游戏。宝宝做得好要及时夸奖，做不好也要鼓励，游戏结束的时候要摸摸宝宝的小脸蛋，对他微笑。

快乐人生从玩开始——宝宝游戏室

花样彩球——促进肌肉发展

【准备工作】

若干大小不同的彩色球。

【游戏过程】

（1）把这些彩色球高低错落地悬挂在室内。

（2）抱着宝宝接近这些球，引导宝宝去拍打、用脚踢或者用头去碰这些球。

（3）取下一个球，让宝宝躺在床上，逗引宝宝用手拍球、用脚蹬球。

【游戏目的】

锻炼宝宝臀部、腿部肌肉，提高宝宝四肢的灵活性，并且培养宝宝的注意力。

【专家有话说】

父母不必拘泥于某种游戏方式和过度关注宝宝如何摆弄玩具。

其实，只要引起了宝宝玩玩具的兴趣，这个游戏的目的就已经达到了。

上上下下看妈妈——刺激视觉发展

【准备工作】

温度适宜的室内或者室外环境。

【游戏过程】

（1）妈妈坐在床上或者毯子上，把腿伸直，托住宝宝腋下，让宝宝站在自己的膝盖上。

（2）妈妈弯曲膝盖，宝宝会上升；妈妈放平膝盖，宝宝就下降。这样反复几次，一边做一边对宝宝解释："妈妈的脸在下边""妈妈的脸在上边"。

【游戏目的】

刺激宝宝的视觉，开发大脑潜能，同时能够培养宝宝的观察力以及空间感。

【专家有话说】

宝宝出生后的前 6 个月是视觉发展最快的时期。此时如果能够经常进行有效的视觉刺激，宝宝的视觉和观察能力都会得到提高。

拨浪鼓，咚咚咚——刺激听觉发展

【准备工作】

拨浪鼓一个。

【游戏过程】

（1）在宝宝面前拿起拨浪鼓，轻轻摇晃几下，确定引起了宝宝的兴趣。

（2）拿起宝宝的手，帮助他握住拨浪鼓，然后摇晃几下，让拨浪鼓发出响声。

（3）可以在游戏的过程中播放一些关于拨浪鼓的儿歌。

【游戏目的】

玩拨浪鼓的过程能够刺激宝宝的听觉，让宝宝感受节奏；这个游戏还可以帮助宝宝练习抓握，锻炼宝宝手的灵活性。

【专家有话说】

宝宝的耳朵鼓膜非常脆弱，因此在摇晃拨浪鼓的时候，发出的声音不要过大，也不要过于贴近宝宝的耳朵，防止伤害宝宝的听力。如果宝宝表现出不耐烦的样子就要停止游戏。

刚出生的婴儿就能观察周围的光线

小家伙睁着眼睛在看我们呢!

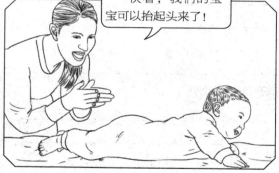

快看,我们的宝宝可以抬起头来了!

抬头能使婴儿产生空间感,形成空间概念

宝宝饿了,妈妈来给你喂奶!

帮助宝宝提高语言理解能力

家庭是父母精心共筑的爱巢,父母共同的呵护让宝宝获得人生的第一份信任感。

高情商家教思维

1. 对于刚出生的婴儿，为什么说爸爸妈妈的亲近照顾很重要？

_____

_____

2. 在新生儿的感官敏感期应注意什么？如何进行母婴交流？

_____

_____

_____

3. 新生儿的语言敏感期有什么表现？

_____

_____

_____

4. 新生儿的听觉、视觉发育如何？如何针对性地训练这一期间的婴儿？

_____

_____

_____

5. 哪些玩具可以给刚出生的婴幼儿玩耍？

_____

_____

_____

第三章

半岁—1 岁婴幼儿早教方案

孩子的小世界——宝宝心理在变化

心理教育关键词——认生、同龄人

一般来说，在出生后七八个月的时候，多数宝宝会有认生的表现，有些宝宝可能在六七个月的时候就表现出来，直到 1 岁之后，这种现象才会逐渐消失，而有些宝宝可能要到两三岁之后才不会认生。

宝宝认生的主要表现为对陌生人表现出害怕和回避，有些宝宝甚至会哭闹、挣扎和反抗。通常情况下，内向、文静的宝宝比活泼好动的宝宝更容易认生；平时总是由某人专门抚育、依赖性很强的宝宝，认生反应较为强烈；平时很少外出、接触的人很少的宝宝更容易认生。

宝宝认生是成长过程中要必然经历的阶段，主要与心理发育有关。在出生后的前七八个月，宝宝虽然能够通过声音和气味辨别自己的家人，尤其是妈妈，但此时宝宝并没有熟悉和陌生的概念，多数时候，只要有人照顾、有人陪着就行了，宝宝并不会非常在意这个人是谁，所以也就不会认生。可到了七八个月之后，宝宝对熟悉的人的印象会加深，并不自觉地会将自己与这些人建立联系，此时，宝宝就会特别依赖熟悉的人，而对陌生人产生抵触情绪，有认生的反应。

婴幼儿之间的交往又被称作"同伴交往"，就是指在各种因素作用下，婴幼儿之间形成的独立、平等、自愿、互助的友好关系。同伴交往过程中所形成的同伴关系以及同伴经验有助于促进婴幼儿身心的健康发展，对于孩子的社会性发展有着非常重要的作用。

研究发现，婴儿在半岁之前会有互相接触、互相注视的情况。一个婴儿哭，另一个婴儿也以哭来回应，但是这些并不是真正的社会反应。婴儿半岁以后才会逐渐出现真正意义上的同伴交往。

婴儿的"同伴交往"可以划分为三个阶段：第一阶段是以客体为中心，婴儿之间的交往更多地集中在东西和玩具上，而不是同伴本身，所以大部分都是单方面的交往；第二个阶段是简单交往阶段，此时婴儿之间有了直接的相互影响和接触，他们能够对同伴的行为作出相应的反应，经常试图去控制同伴的行为；第三个阶段是互补性交往阶段，此时婴儿之间的交往出现了更复杂的社交行为，他们彼此之间会相互模仿，而且这种模仿非常普遍。他们之间的相处模式趋向于互补和合作，比如你追我逃，共同玩一个玩具等。此时婴儿非常期待与同龄人进行交往，还经常伴随着语言和情绪的变化。

用爬行探索世界

在七八个月时，宝宝的大动作能力提升，大脑感觉综合能力进步了不少，这一阶段的宝宝多数都已经学会了爬行，并且爬行的速度已经很快了。

爬行是宝宝探索世界的重要方式之一。在会爬以前，宝宝的主动行为比较少，思维、意志等高级心理活动较少，神经传导很少形成完整的反射弧，而当他们学会爬行之后，主观活动的能力会逐渐提升，活动范围也扩大了。这样，在各种复杂的条件反射相继建立起来的同时，宝宝的思维、意志、情感、兴趣等高级心理活动就会大大丰富，不仅会变得更聪明，心理的发育也逐渐进步，比如在宝宝学会爬行之前，他们看到东西一般不会主动去取，而具备了爬行能力之后则会爬过去抓取，而爬行、抓取这一系列动作并不只是大动作能力发展的标志，还掺杂了诸多思维活动，显示了宝宝的思维发展和对于世界的探索，即看到玩具后，宝宝会产生"想要"的思维活动，之后通过移动身体去获取。这个过程需要意志力和努力，在拿到之后，宝宝会表现出开心的情感体验，而且这次成功之后还会激发出宝宝以后对爬行和取物的兴趣等，这些高级的心理活动在宝宝学会爬行之前是受到限制的。

能够拿起细小的物品

宝宝的动作协调能力在这个阶段依然明显进步着，他们基本上已经可以很精确地使用拇指了。随着宝宝身体的不断发育成熟，其手、脑、眼的协调能力进一步增强，到七八个月的时候，宝宝手指的灵活性和协调性逐步增强，与眼、脑的配合也更加灵巧自如了。他们此时已经能做好一些更为精细的动作了，如把绿豆、瓜子等细小的物品用手捏起来放进嘴里。

七八个月大的宝宝，其手、眼已经能协调并联合行动。无论看到什么都喜欢伸手去拿，如果是较大的物品一般会用一只手或者双手去抓、去抱，而如果物品太小时一般会使用食指、拇指、中指等几根指头配合着去捏取。虽然刚开始行动起来会有些困难，但经过一段时间的练习后，就会慢慢熟练起来，并且以后都喜欢用手拿起细小的物品。

能够拿起细小的物品是这一阶段宝宝精细动作能力发展的一个重要标志，同时也是宝宝进步的重要标志。针对宝宝的这一发育特点，父母应该在此时加强对宝宝精细动作能力的训练，帮助其不断进步和成长。

拒绝别人捏宝宝小脸蛋

小宝宝几乎是人见人爱，尤其是宝宝粉嫩的小脸，常让人情不自禁地想伸手去捏捏，用嘴去亲亲。然而，尽管用手去捏宝宝的小脸蛋是表达喜爱之情的重要方式，但父母在日常生活中也应该学会拒绝，因为捏脸可能会对宝宝的健康带来危害。

民间有这样一种说法，"小宝宝的脸蛋不能捏，否则会流口水，长大了还容易歪脸"。这其实是有一定道理的。宝宝的唾液腺发育在 4 个月大时已经逐渐成熟并开始大量分泌唾液了，而到了七八个月的时候，宝宝正处于长牙期，牙龈上的神经受到刺激后，会增加唾液分泌，旺盛时每天可达 200 毫升。年幼的宝宝口腔容量小、深度浅、舌短而宽，闭唇和吞咽动作尚不协调，不会调节过多唾液，只要有人稍微一捏，唾液就会自然流出。而且，此时宝宝的吞咽能力还很有限，分泌的唾液会长期留在口腔内，被捏后也会流口水。

宝宝的脸蛋经常被捏不仅会导致流口水，而且还可能使其患上腮腺炎。因为宝宝脸部的皮肤薄嫩，口腔内腮腺组织发育不完善，很容易受伤，如果经常被人捏，尤其是用力过大，就很容易损伤宝宝的腮腺，引发腮腺炎。

另外，宝宝的小脸蛋经常被人捏不仅会让他们感觉不舒服，还可能因为细菌感染而引发一些疾病。由于宝宝的各个器官发育都不成熟，其免疫力、抗病力比较低，当大人用手捏宝宝的脸时，手上的一些细菌就会留在宝宝的脸上，使其生病。

因此，父母在平时应拒绝别人捏宝宝小脸蛋的行为，以保证其身体健康和安全。

宝宝为什么喜欢扔东西

很多9—10个月大的宝宝都会出现喜欢扔东西的情况，让父母苦不堪言。其实这是一件好事，代表着宝宝开始了对世界的探索。

心理学家认为，"扔东西"是宝宝学习过程中的必经阶段。到了一定的年龄，宝宝会对事物的因果联系非常感兴趣，比如偶然把球扔出去的时候，宝宝发现球是滚动的。一开始他并不知道是自己引起了球的滚动，但经过多次"偶然"之后，他就会发现是自己扔的动作引起球的滚动。这让宝宝意识到自己具有某种力量，并且发现自己和其他物体之间存在着某种关系。这对宝宝来说是很新鲜的体验，于是就有了对世界最初的探索。

另外，宝宝总是反复地扔东西也是想向大人展示自己的力量，希望引起父母的注意，给予他表扬。有时候他是想向大人传达某些信息，比如他发现自己长时间没人关注，就想吸引家人过来和他一起玩。

当然，父母最好把贵重或易碎物品保管好，防止不必要的损失。可以让宝宝玩一些不容易摔坏的玩具，比如铃铛、小球等。

宝宝喜欢扔东西是一个很短暂的过程。当宝宝学会了正确玩玩具和使用工具后，他的兴趣会逐渐转移到更有趣的活动上，"扔东西"的现象会自然消失。所以，当9—10个月大的宝宝爱上扔东西时，父母应充分满足他的欲望，让他在"扔"的过程中健康成长。

表现出强烈的占有欲

宝宝9—10个月大的时候，大多数家长觉得宝宝不像以前那样听话，还变得自私了。这是宝宝处于自我意识敏感期时的正常表现，父母应给宝宝足够的权力让宝宝自己作决定，切忌强迫宝宝将自己的东西与别的孩子"分享"，阻碍孩子自我意识的形成。

通常，没有和父母形成良好依恋关系的孩子，心理上的独立会迟缓一些，学习谦让也会有困难。如果宝宝无论做什么父母都认为不行并阻止他，甚至冲他发火，宝宝就会觉得自己被父母嫌弃，会更加坚定地保护自己的东西以获得安全感。对于宝宝的这种占有欲，父母要给予更多的理解和关心，增强亲子间的信赖，并试着用温和的方式引导宝宝学会分享，增强其社会性。

父母对宝宝过分照顾也是不可取的。被过分照顾的宝宝在参加社交活动时会感到很难适应，认为别人都应该迎合自己的心意。对于这样的宝宝来说，再让他去谦让和关心别人就更不可能了。父母有时候可以和宝宝说自己也想玩他喜欢的玩具，让宝宝学会分享。在游戏过程中，当宝宝要求父母更换玩具时，父母不要立即更换，而让他等一会儿，宝宝就能学会谦让和等待。

正确对待宝宝的占有欲，是帮助宝宝形成自我意识和社会性的关键一步，父母一定要学会理解和包容。

出现恋物情结

很多宝宝在此阶段都会出现一些"恋物情结"，有的宝宝离不开自己的枕头，有些则总是紧紧抱着自己的布娃娃。看到这种情况很多父母都会很担心，其实这是没有必要的。

此阶段的宝宝依恋枕头或布娃娃的行为是一种典型的儿童恋物现象，这种恋物现象是很正常的，与宝宝早期的生活有关。婴幼儿会通过各种感官体验来满足探索世界的需求以及获得安全感，他们会吮吸奶嘴、手指，抚摸被角、毛巾等。

通常情况下，8—9个月大的宝宝就会对柔软、触感好的东西表现出喜爱，比如衣服、毯子、布娃娃等。这些物品也可以被称作"过渡期对象"，它们能给宝宝带来心理安慰。这些物品为什么被称作"过渡期对象"呢？这是由于此阶段的宝宝正处于离开妈妈、获得精神独立的过渡状态。宝宝如果离开妈妈、获得独立的话，必须要找到能暂时代替妈妈的东西，这些枕头和布娃娃就是他们找到的"无价之宝"，在他们眼里这些东西就是"妈妈"。另外，如果宝宝睡觉或者承受着较大的心理压力时，他们对物品的依恋会变得更加明显。

一般情况下，这种恋物行为会在宝宝 4 岁左右停止，因为此时宝宝的兴趣变得很广泛，对过渡期对象的需求不像以前那么强烈了。因此，面对此阶段婴儿的恋物情结，父母不必过于担心，更不能强行阻止宝宝的恋物行为。

真的是别人家的东西好吃吗

生活中父母经常会遇到这样的尴尬情况：自己的宝宝在家里不喜欢吃东西，一旦看到别人吃东西，就会一动不动地看着，直到别人把吃的递到他手里，然后他就会狼吞虎咽地把那些食物吃掉。更让父母生气的是，这种食物家里也有，而在家里宝宝连看都不看一眼。

为什么宝宝总是觉得别人家的东西好吃呢？到底是什么原因造成了宝宝这样的表现呢？

首先是周围环境的改变。心理状态对宝宝的兴趣有很大的影响。当宝宝心情愉快时思维比较活跃，也容易对周围环境中的事物产生兴趣。当父母带着宝宝出去玩的时候，宝宝的心情愉悦，没有压力，周围环境中的东西就更容易引起他的兴趣，所以别人的玩具或者食物就显得格外好玩或者好吃。再加上宝宝对周围的环境感到非常新鲜，精神处于亢奋状态，还有其他的小伙伴跟自己在一起，就会变得爱表现自己，而饭吃得香、玩具玩得好在宝宝心里就代表着受欢迎的好孩子，所以他在家以外的地方会有这样的表现。

其次是大人态度的转变。每个人都喜欢听表扬和鼓励的话，不喜欢听批评的话，尤其是在陌生人面前。在自己家里，宝宝不好好吃饭或者玩具乱扔就有可能招来一顿训斥，可是去做客的时候，别人家的大人会对他很客气，也会给他很多赞美和鼓励，因此宝宝也愿意在别人面前表现自己。

所以，当宝宝表现出喜欢别人家东西的时候，父母不要呵斥孩子，而要先反省自己对待宝宝的态度。如果自己的态度没有问题，那么就要适当加强对宝宝的引导，让宝宝学会必要的礼节。

宝宝期待与同龄人"交流"

此阶段的宝宝虽然依然很喜欢黏在父母身边，但是已经开始期待与同龄人的交往了。父母可以从以下几个方面来帮助宝宝提高交往能力。

1. 要为宝宝提供良好的家庭环境

父母应该为宝宝提供宽松、和谐的家庭氛围，让宝宝体验到爱与被爱的感觉。用温馨的环境塑造宝宝健康积极的身心，这是宝宝迈向成功交往的第一步。

2. 父母要以身作则，给宝宝树立榜样

父母是宝宝学习人际交往时最直接的对象，如果父母在与邻居、亲友、同事的相处中做到互尊、互助，那么宝宝就会在潜移默化中学会交往。

3. 父母要了解自己宝宝的交往模式，以便更好地帮助宝宝提高交往能力

婴幼儿的交往模式大致分为专一型、受欢迎型、攻击型、忽略型四种。专一型婴幼儿喜欢和固定的小伙伴玩；受欢迎型婴幼儿多半性格外向，乐于与同伴共同游戏；攻击型婴幼儿性格暴躁，喜欢骂人、打人，并对别人的行为活动进行破坏；忽略型婴幼儿胆小、怯懦，害怕参与小伙伴的游戏。攻击型和忽略型的宝宝需要父母重点关注，他们的行为表现说明他们是不善于和别人交往的宝宝。

4. 父母要为宝宝创造更多的交往机会

父母可以经常邀请同龄的孩子到自己家里玩，或鼓励宝宝去别的小朋友家做客，给宝宝创造与同龄伙伴交往的机会。

赢在起跑线上——早期教育小课堂

大动作能力提升小课堂

近 1 周岁的宝宝基本已经能独立站立了，只是平衡性还比较差，站不了多久就会马上坐下。如果有人在前面逗引，宝宝可能还会迈腿向前走几步，其双手的活动能力也更强了。此时，父母可以通过如下的这些训练帮助宝宝不断提升大动作能力：

1. 训练宝宝连贯进行站起和坐下

这一训练应该从八九个月开始持续进行，只是随着宝宝的发育，对于宝宝的要求应该逐渐提高。父母可以经过不断的训练，要求宝宝能灵活地由站立到坐下，由坐着到俯卧位，然后再教宝宝学会自己拉着支撑物坐好并站起来行走。另外，父母还可以鼓励宝宝多进行自由活动，加强各种体位活动能力的训练。这一训练可以每天重复进行，直到宝宝熟练掌握，行动能力得到提高为止。

2. 让宝宝学会从扶行到独立行走

父母可以为宝宝准备好学步车、椅子等道具，在刚开始时，父母可以训练宝宝站起来，并鼓励宝宝扶着这些道具尝试着自己迈步，或者父母也可以让宝宝先扶着自己的手站起来并向前迈步，开始时给予一定的力量支持，之后逐渐减少力度，直至宝宝不需要外力的帮助也能独立行走为止。需要注意的是，在这个过程中，父母一定要注意照看好宝宝，以防止危险发生。

精细动作能力提升小课堂

随着肢体的发育，这个阶段的宝宝的双手可以完成一些更为精细的动作了，其手指的灵活性明显增强，已经可以用两根手指将一些细小的东西（如绿豆、瓜子等）捏起来往嘴里送了。要帮助宝宝提升精细动作能力，父母可以加强如下这些方面的训练：

1. 捏取小物品训练

学会使用几根手指配合着捏取物品，尤其是细小的物品，是宝宝精细动作能力发展的标志。在宝宝发育的这一敏感期，父母可以在宝宝面前放置一些绿豆、瓜子等小物品，训练宝宝用手指捏取细小物品的能力。刚开始时，父母可以先训练宝宝用大拇指和食指扒取物品，之后再逐渐教宝宝用拇指和食指捏取。需要注意的是，在这个过程中，父母需要做好监管工作，防止宝宝将细小的物品塞进嘴里，发生危险。

2. 用食指拨弄物品训练

为了帮助宝宝锻炼手指的灵活性，父母还可以让宝宝多做一些用手指拨弄物品的动作，可以将一些小圆球、小珠子之类的东西放在一个盘子里，先给宝宝示范怎么用食指拨弄这些物品，之后再逐渐教宝宝自己用手指拨弄。另外，父母还可以教宝宝将手指伸进有洞的盒子里去勾取小物品等。

3. 训练宝宝独立放玩具和拿玩具

在前一阶段，宝宝已经学习了拿起物品和投掷物品，此时父母应该继续这方面的训练，并对宝宝提出更高的要求，比如父母可以为宝宝准备一个大的玩具箱和一些小玩具，训练宝宝先从玩具箱中拿出指定的玩具交给父母，然后再要求宝宝把拿出来的玩具一件一件放回玩具箱里。这一训练可以作为游戏每天重复几次，目的在于促进宝宝手、眼和脑部的协调发展，提升宝宝的精细动作能力。

4. 让宝宝学习打开杯盖或盒子

父母可以在宝宝的面前放置一个带有盖子的塑料杯或者一个有盖的纸盒，先给宝宝示范打开盖子、合上盖子的动作，然后让宝宝模仿重复自己刚才的动作。宝宝没做好时应该再次示范并且耐心教导，宝宝表现好时要表扬，直到宝宝能完全学会为止。

5. 多让宝宝做一些有助于增强手指灵活性的动作

父母可以和宝宝一起玩各种各样的玩具，如玩积木等。通过这些游戏，宝宝的手指能得到全方位的训练，其手指的灵活性和协调性将极大地增强。

语言理解能力提升小课堂

这一阶段是宝宝模仿能力快速提升的阶段，他们不仅喜欢大人与他们说话，还十分乐意模仿大人的语言与人交谈。此时要想帮助宝宝不断提升语言理解能力，父母除了要与宝宝多交谈之外，还要做好以下训练：

1. 模仿发音训练

在本阶段，父母可以继续训练宝宝进行模仿发音，只是训练的难度需要增加，范围也要扩展一些，除了之前已经练习过的一些辅音、简单的名词和动词外，动物名称、人的五官以及生活中常用的一些动词、形容词等也可以拿来进行训练。另外，父母在这一阶段更应该培养宝宝主动学习、主动发音的能力，让宝宝多模仿大人说话，并要求宝宝尽量将音发准确。

2. 指图回答问题训练

父母可以经常带着宝宝一起看一些图画书，告诉宝宝图画书中都有些什么人物和景物，等宝宝了解了之后，父母可以根据故事内容询问宝宝，让宝宝指着书中的图画回答问题。也许开始时对宝宝有一定的难度，但训练得多了，宝宝的能力自然会提升不少。

3. 让宝宝主动发音和说话

在宝宝已经能有意识地叫"爸爸""妈妈""爷爷""奶奶"等亲人之后，父母可以继续多教给宝宝一些词语，并引导他在生活中主动说出事物的名称，主动发音。在带着宝宝走路的时候，父母可以先告诉他"这是走"，并让宝宝记住。告知了几次之后，便可以在走路之前问宝宝要干什么，宝宝一般都会自然地说出"走"字。在教宝宝学习其他发音的时候也是如此，只要父母有耐心，多引导和帮助，宝宝主动说话的能力一定会越来越强的。

自理能力提升小课堂

随着宝宝行动能力和探索欲望的增强，其活动的范围更广了，能办到的事情也更多了。他们更喜欢按照自己的意愿行走和行动。此时想帮助宝宝不断提升自理能力，父母可以进行如下的训练：

1. 让宝宝学习自己坐便盆和控制排便

这一阶段的宝宝的自我意识和自我控制的能力已经明显增强了，他们在有便意的时候一般都能提前作出反应并寻求帮助。此时父母可以教导宝宝学会控制排便，在有便意的时候先自己找到便盆坐下之后再排便。培养宝宝养成良好的排便习惯是培养宝宝生活自理能力的重要内容，父母在平时一定要及时引导和多加训练。

2. 训练宝宝和大人一起上桌吃饭

这个阶段的宝宝已经能很熟练地往嘴里送吃的东西了，而且

还初步学会了拿勺子和杯子。为了培养宝宝自己吃饭的能力，父母在吃饭时可以让宝宝也坐在桌子前，和大人一起吃饭。在这个过程中，父母可以准备好小勺子和小碗，并装好食物，然后鼓励宝宝模仿大人慢慢地吃。也许宝宝可能会在饭桌上捣乱，父母一定要有耐心，多给宝宝锻炼和学习的机会。

社会交往能力提升小课堂

宝宝的感知和理解能力比以前有了不小的进步，而且表达能力和与人交流的欲望也更强了。为了帮助宝宝健康成长，父母可以多进行如下的一些有助于提升宝宝社交能力的训练：

1. 让宝宝更好地认识自己和家人

父母可以带宝宝照照镜子，边看边给宝宝介绍镜子中的人物，让宝宝明白哪个是自己、哪个是妈妈、哪个是爸爸。同时，父母还可以教宝宝辨认更多的亲人，以加深宝宝的印象，让宝宝更好地认识自己和家人。

2. 带宝宝到陌生的环境中去，鼓励宝宝多与人交往

在宝宝的成长过程中，父母不要总是让宝宝待在家里，而应该适当地带宝宝外出走走，去公园、人少的广场、儿童乐园、亲戚家等，让宝宝更多地接触外界环境，学会不害怕陌生人，并能和其他人交往。

3. 让宝宝观察别人的行动，提高宝宝的理解能力

父母可以经常在宝宝的面前做事，并告诉宝宝自己在做什么，然后注意观察宝宝是否能认真注视家人的行动，以帮助宝宝提高理解能力，为提高他的社会交往能力夯实基础。

快乐人生从玩开始——宝宝游戏室

饼干搬家——培养注意力和观察力

【准备工作】

几片饼干、两个罐子。

【游戏过程】

（1）在宝宝面前把饼干装进罐子甲。

（2）把饼干从罐子甲中拿出来放进罐子乙。

（3）指导宝宝把饼干从罐子乙中拿出来放进罐子甲。

【游戏目的】

培养宝宝的观察力和注意力，增强宝宝手的灵活性，进而促进宝宝智力发展。

【专家有话说】

父母也可以用彩色小球代替饼干，一边玩一边向宝宝说明这是什么颜色。需要注意的是，不要选择太小的彩球，防止宝宝误食。

翻山越岭找玩具——增强小脑平衡能力

【准备工作】

一张柔软的垫子、中等大小的毛绒玩具若干个以及一个宝宝最喜欢的玩具。

【游戏过程】

（1）当宝宝俯卧在垫子上时，把毛绒玩具放在宝宝前面，使其成为阻碍宝宝拿到自己最喜欢的玩具的"障碍物"。

（2）妈妈拿着宝宝最喜欢的玩具在垫子另一边呼唤宝宝，同时晃动手里的玩具。

（3）宝宝爬过"障碍物"去拿妈妈手里的玩具。

【游戏目的】

提高宝宝四肢的协调能力，锻炼宝宝的肌肉，促进骨骼生长，增强小脑的平衡能力。

【专家有话说】

"障碍物"不宜设置过多，以免打消宝宝的积极性；当宝宝能够拿到妈妈手里的玩具时，一定要把玩具递给宝宝，否则会破坏宝宝对父母的信任。

吹泡泡——锻炼视觉反应力

【准备工作】

肥皂水、空笔杆或者在商店购买的吹泡泡的玩具。

【游戏过程】

（1）让宝宝坐在椅子上，朝宝宝吹几个泡泡，让他伸手去抓或打破泡泡，但要小心别让肥皂水溅到他眼睛里。

（2）等到他熟悉之后，可以让泡泡落在宝宝身体的各个部位，比如腿、胳膊、手等，并告诉他这些部位的名称。

【游戏目的】

锻炼宝宝的视觉反应力以及手眼协调能力。

【专家有话说】

现阶段的宝宝似乎意识到了手具有无穷的力量，总是喜欢伸着小手四处抓。对宝宝来说，看到东西，再伸手去够，然后实实在在地碰到，是一件特别让人开心的事。当泡泡在宝宝手里"爆炸"的那一瞬间，他会格外有成就感。

有趣的撕纸游戏——增强手的灵活性

【准备工作】

一些废弃的报纸。

【游戏过程】

（1）把报纸给孩子，让孩子随意地撕。

（2）让孩子把报纸上某一张图片沿轮廓撕下来。

【游戏目的】

此时孩子的手指已经能够很好地配合，撕纸游戏可以增强手的灵活性，为后期做出更加精细的动作打下基础。

【专家有话说】

孩子撕完之后，父母可以和他一同收拾撕碎的纸，这样可以培养孩子养成收拾玩具的良好习惯。大多数孩子都会有一个爱上撕纸的时期，父母不要大声呵斥或者禁止，这是孩子的大脑正在高速运转的标志。手的灵活性与大脑的开发是互相促进的。

◇ 半岁—1岁的婴幼儿 ◇

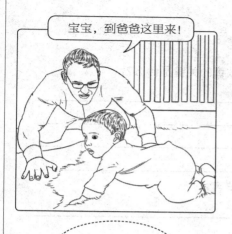

用爬行探索世界

保护孩子的健康

教孩子认识自己和周围的人

练习发音和说话

半岁到一岁的婴幼儿开始接触外面的世界，父母可以对孩子进行适当的手部动作训练。

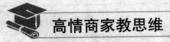

高情商家教思维

1. 针对半岁到一岁的婴幼儿，教育的关键是什么？

_____

_____

_____

2. 为什么要拒绝别人捏孩子的脸蛋？

_____

_____

_____

3. 为什么这个阶段的宝宝喜欢扔东西？

_____

_____

_____

4. 孩子对玩具表现出强烈的占有欲正常吗？

_____

_____

_____

5. 为什么这个阶段的孩子总觉得别人家的东西好吃？

_____

_____

_____

_____

第四章

1—2 岁幼儿早教方案

孩子的小世界——宝宝心理在变化

开始理解物品的归属

在1岁到1岁半这段期间，宝宝开始理解物品的归属，并能用语言表达出来。例如，当宝宝看到妈妈的衣服和爸爸的帽子时，会说出"妈妈衣"和"爸爸帽"这类的短句。这一时期的宝宝还能够提起他曾经看见过的某种东西、某个人或某一事件，如父母带着他到动物园看过大象，他可能会在之后的某一天突然说出"动物园""大象"一类的短句。尽管这个时候的宝宝还不会用完整的语言清楚表达他的意思，但在他的意识中，已经开始渐渐明白什么东西是属于哪里、属于谁的了。

伴随着归属意识的发展，宝宝在这一阶段会对归属有着极为强烈的诉求，如爸爸的帽子必须由爸爸来戴，当他看到别人碰爸爸的帽子就会大吵大闹以表抗议。在宝宝的心里，生活环境中所有的独立事物都具有归属性，只有这些事物归在它们"应该"在的地方，宝宝才会感到舒适和安全。如果大人打破宝宝的这种归属感，就会令宝宝产生强烈的不安全感，会让他感到分外焦虑和痛苦。所以，父母要尊重宝宝的归属感，在生活中建立起规整的秩序，鼓励宝宝将打乱的秩序重新恢复。即使他的有些行为看起来很荒唐很可笑，父母也不应嘲笑或指责他，而是要多鼓励他。

行走的敏感期

儿童的动作敏感期通常为0—6岁，包括手部动作的敏感期和行走的敏感期。手部动作发展最高峰的时候是1岁半到3岁。1岁到1岁半的幼儿正处于行走的敏感期。

行走对于儿童而言是第二次新生，代表他已经从一个无助且不自由个体发展为一个能够主动掌控自己的人，此时他会疯狂地爱上走路，如果父母想停下来歇一歇，他甚至会大哭大闹以表示不满。当发现自己的宝宝处于行走敏感期的时候，父母应该理解宝宝行走的欲望，满足他此时的内在需要，支持他的行为。如果此时父母想要在宝宝行走过程中提供帮助，最好先观察宝宝的需要。如果宝宝看上去并不希望父母来帮忙，那么父母最好放手让他自己去尝试。

在宝宝练习行走的过程中，还会唤醒手部动作的发展，这是为什么呢？其实很好理解，无论宝宝走到哪里，他的手都会跟着抓到哪里。而宝宝手部精细动作的发展与大脑密不可分，走路也可以间接地促进宝宝的智力发展以及左右脑的平衡。当宝宝处于行走的敏感期时，父母应该让宝宝充分运动，使其肢体动作变得更加熟练。

重复和模仿是宝宝学习的途径

很多 1 岁多的宝宝都会缠着大人给他讲同一个故事，唱同一首儿歌，做同一个游戏。即便大人有时候已经被重复弄得极为不耐烦了，可宝宝似乎还是一副乐在其中的样子。而且，这个时候的宝宝特别喜欢模仿大人的动作，不仅会模仿大人的行为，还会模仿大人的语言、神态等。

父母不要觉得宝宝的这种表现很奇怪。实际上，重复和模仿是宝宝学习的重要途径。"重复"是在通过自己的方式理解世界，增加智力。宝宝的重复不仅体现在讲故事、听歌曲上，还体现在玩玩具、看动画片、做游戏上。只要他喜欢，就可以不断重复，这些重复对宝宝的智力发展都有着不可低估的作用。

宝宝的模仿能力是从一出生就具备的。许多宝宝刚出生的时候，就已经会下意识地模仿大人的动作了，比如你凑近宝宝的脸让宝宝直接注视你，然后每隔 20 秒伸出你的舌头，重复几次后，你会发现宝宝也会模仿你伸出舌头，这就是最初的模仿。这种模仿表明他和周围的人之间有了一种关联，而这种关联正是宝宝的自我世界和外面的世界相沟通的证明。宝宝最初的模仿，可以理解为父母和宝宝之间交流的一种方式，也是自我独立的第一步。通过模仿，宝宝不仅可以学会各种技能，更好地了解周围的世界，获得许多认知经验，还可以在模仿的过程中获得自信，得到许多愉悦的情绪感受。

因此，在宝宝 3 岁之前，父母应该尽可能多地给予他们丰富多样的视觉、嗅觉、触觉及听觉上的刺激，鼓励他们去感受、模仿和体验。这些体验将成为宝宝未来智力发展、知识学习的基础元素，在宝宝的成长过程中有着不可替代的重要作用。

人生中的第一句话

有些语言能力发展较快的宝宝，在 1 岁半前后的某一天可能就会突然张口说出两三个词组成的短句，这会令父母惊喜不已，因为这是宝宝人生中的第一句完整的话。一般情况下，女孩的语言能力发展得要比男孩快一些，女孩在这一阶段能说出完整句子的情况更多。

在语言能力的发展上，男孩、女孩存在着明显的差异，同性间也存在着个体差异。有的宝宝可能在 1 岁左右就已经能说出 10 个以上的简单句子了，而有的宝宝则有可能在快要 1 岁半的时候仅能说出几个简单的句子，或者只是一个字一个字地往外蹦来表达自己意思。这些都是正常的。

要知道，宝宝成长发育的个体差异性非常大。在语言能力的发展方面，如果父母因为担心宝宝发展过慢，无形中给宝宝太大压力的话（强迫训练是这个阶段父母最常犯的错误），反倒会阻碍宝宝的发展。父母应多一点耐心，多给宝宝一点时间。

通过涂鸦能看出宝宝的心理

曾经有一位教育家说过："不一定每个孩子都会唱歌，但是每一个孩子都一定会画画。"这里提到的画，并不是指那些父母限定的作品，而是宝宝"原生态"的创作。它们可能被画在墙上，也可能被画在废旧的报纸上，有些甚至已经被丢进垃圾桶。这些未经加工的作品是宝宝内心世界真实的体现，家长也可以从这些涂鸦中看出宝宝的心理和性格。下面简单介绍几种涂鸦所代表的宝宝性格特征和心理状态：

1. 下笔很重，喜欢用深色，比如红色或者黑色

这类宝宝容易发怒，体力充沛，激情四射，具有领导才能，但是缺乏耐心。

2. 下笔较重，喜欢多种颜色搭配使用

此类宝宝性格开朗活泼，积极乐观，能够很快与别人打成一片，但是常给人浮躁、不稳重的感觉。

3. 下笔较轻，色调比较单一，喜欢蓝色和黑色

这类宝宝性格忧郁，不喜欢活动，感情含蓄而敏感，喜欢独自思考，记忆力好，善解人意，但是在人际交往中过于被动。

4. 下笔很轻，一幅涂鸦通常只用一两种颜色

这类宝宝性格沉稳冷静，喜欢独来独往，不喜欢与别人抢东西，不喜欢与人交往，讨厌竞争和挑战。

此外，不同的形状以及形状的数量也代表着宝宝不同的心理状态，比如一个圆圈代表孤独，缺乏安全感，很多圆圈则表示孩子心情不好，忧郁纠结。

涂鸦是了解宝宝性格和心理最直观的方式，但是这也对父母提出了更高的要求，希望父母能够多多学习，掌握这种与宝宝交流的方式。

要尊重宝宝的劳动成果

生活中我们经常可以看到，有些宝宝面无表情地从妈妈刚刚拖完的地上走过，还有些宝宝丝毫不理解大人的辛苦，经常埋怨父母没有帮自己做这做那，在户外的时候也会在别人刚刚打扫过的椅子上胡乱踩踏……这些都是宝宝不知道珍惜别人劳动成果的表现。要培养宝宝尊重别人的劳动成果最有效的方法就是父母从尊重宝宝的劳动成果做起。

那么，父母该如何尊重宝宝的劳动成果并让宝宝学会尊重别人呢?

当宝宝把辛辛苦苦完成的作品拿到父母面前的时候，父母要仔细欣赏宝宝的作品，并且询问宝宝作品的意义，不要把孩子一下子推出去，然后说："我忙着呢，一边玩去!"父母认真看一看宝宝的作品就会使宝宝感到很满足，也感到自己得到了尊重。

指导宝宝自己收拾好玩具以及图书。如果宝宝第一次收拾得不整齐也不要紧，千万不要看到宝宝笨手笨脚就抢过宝宝手里的活儿，这样就否定了宝宝的劳动成果，宝宝不仅会丧失对劳动的兴趣，而且也不会尊重别人的劳动成果。此时父母正确的做法应该是，握着宝宝的小手把书本或玩具摆放整齐，然后告诉宝宝："宝宝真能干，现在看上去是不是整齐多了?"这样不仅鼓励了宝宝，还让他有了成就感。

有条件的话可以带着宝宝去看看别人的劳动场面，让宝宝认识到劳动的辛苦。

帮助宝宝认识形状

这个阶段的宝宝已经可以学习认识不同的形状了，有以下几种具体的方法来帮助宝宝加深对形状的理解：

1. 感知形状特征

父母可以拿出一个圆形积木告诉宝宝："这是圆的。"然后给宝宝念一首有关圆形的儿歌，一边念一边用积木表演，随后把积木交给宝宝玩一会儿，让宝宝自己感觉一下，认识圆形。

2. 通过分类加深宝宝对形状的理解

可以让宝宝在做游戏的时候将积木分为圆形和非圆形两类，然后让宝宝将圆形的积木搭高或者将圆形积木自由组合拼成一个图案。这样宝宝就会在分类中认识圆形，同时还可以提高观察力和创造力。下一次可以让宝宝选出三角形、正方形等其他形状。

3. 理论联系实际，寻找身边的形状

当宝宝对于圆形有了一定的概念后，父母就可以与宝宝一起寻找生活中的圆形，让他观察周围的环境，说出哪些物品是圆形的，这样宝宝就可以把圆形的概念具体化。此外，父母还可以带着宝宝去超市寻找圆形，看谁找得又快又多；家里如果买了新东西，也可以让宝宝来鉴定一下是不是圆形的。

这些让宝宝认识形状的方法符合宝宝的认知特点，也可以用相同的方法来教宝宝认识颜色。另外，父母一定要耐心，不要急于求成，让宝宝慢慢学习。当确定宝宝已经认识了一种形状之后，再让宝宝学习认识另一种形状，这会让宝宝的记忆更深刻。

宝宝开始问"为什么"

宝宝有着强烈的好奇心，由于行走能力的日益完善，宝宝眼中的世界越来越大，他们的问题也多了起来。此时的宝宝就像"十万个为什么"，见到什么问什么，想到什么问什么。这有时候会给父母造成很大的困扰，但是父母依然不能粗暴对待宝宝的问题，要耐心地倾听宝宝的问题。

提出的问题如果能够得到回答，宝宝就会感觉被尊重，好奇心和探索欲也会因此得到满足。所以，当宝宝提出问题的时候，父母一定要认真解答，如果当时没有时间，一定要在空闲的时候为宝宝解答，不要自以为宝宝已经忘了就忽略这个问题。

父母在解答的时候，还要尽量用宝宝能够听懂的语言。有时候宝宝问的问题可能刚好是父母的专业领域，此时父母可能会开始高谈阔论，大量的专业术语出现在自己的解释中，这是不可取的。解答宝宝的问题通常只需解释最简单的现象就可以了，而且要避免用专业术语，可以把这些解释编成小故事来解答。如果发现宝宝依然很有兴趣，那么可以进一步深入。总之，要根据宝宝的兴趣来决定是否进一步回答宝宝的问题。还有一种情况就是自己实在没有能力解答宝宝的问题。此时不要怕自己丢面子就随便编个答案，可以真诚地告诉宝宝自己也不会，然后和宝宝一起去寻找答案。承认自己无法回答问题并不会影响自己在宝宝心中的威信，相反，宝宝会因为你的真诚更加尊重你。

学会分享玩具和食物

对于 2 岁左右的宝宝来说，让他们学会分享是一件比较困难的事情。因为这个阶段他们的自我意识刚刚形成，也听不懂大道理，很难对他们进行说服。父母们首先要明确的是，此时处于自我意识形成期的宝宝如果不愿意把自己的东西分享给别人，最好不要勉强，否则会影响宝宝自我意识的形成，给宝宝的心理造成伤害。

要让这个阶段的宝宝学会分享，最重要的就是父母要以身作则。很多父母从自身就舍不得让宝宝把东西拿来分享，甚至会对宝宝说："这个玩具别拿出去，留在家里自己玩。""把你的拿出去，不是要分给很多人吗？"这样的话实际上都是在暗示宝宝：分享是一种损失。心理学家的研究表明，在宝宝的私有观念刚刚产生的时候，如果一直接收到父母这样的思想，会促使宝宝的自我意识朝着"自私"的方向发展。

这个阶段，父母可以这样教宝宝分享：在给宝宝喂好吃的东西时，父母自己也要尝一点，然后给爷爷奶奶或者周围的人也尝一点；把自己的经验和教训分享给别人也能给宝宝带来正面的影响。

宝宝不愿意分享还有另外一种可能，就是在他学着分享的过程中得到了不公平的待遇，或是自己的愿望长期得不到满足。这个道理很好理解，很少吃糖的宝宝与经常吃糖的宝宝相比一定更不愿意分享自己的糖果。所以，父母在宝宝成长过程中应该尽量满足宝宝在吃和玩方面的需求。

培养宝宝独立做事的能力

对 2 岁左右的宝宝来说，有几件事情是值得骄傲的：不用使用纸尿裤了，能够自己吃饭了，和大人相处的时候也渐渐拥有"话语权"了……这些对宝宝来说都是他们人生中的一次次跨越。

由于宝宝正处于独立意识的发展期，此时父母培养宝宝独立做事的能力将会对他的心理独立性产生很大的促进作用。如果宝宝对于独立做事并不积极，父母一定要积极帮助宝宝完成这个"蜕变"。

让宝宝独自排便是一个循序渐进的过程，因为宝宝需要对新的环境和便盆有一个熟悉的过程。很多宝宝开始的时候会对新的排便环境和便盆感到恐惧，因而无法顺利排便也是很正常的。父母要做的不是批评宝宝，而是帮助宝宝熟悉环境，在宝宝开始使用坐便器的时候要抱着宝宝，保护好他，这样他就不会对坐便器产生恐惧和排斥。

此阶段不会使用勺子的宝宝，一般都是父母剥夺了宝宝自己进食的权利。父母应该勇敢放手，让他们自己学会吃饭。即使开始的时候宝宝会把饭弄到鼻子上，但是经过实践，他们会想办法把饭送进嘴里。

很多父母不知道，与宝宝对话的过程也能培养宝宝的独立性。父母在与宝宝对话的时候，常常不自觉地使用叠字，其实这完全没必要。只要放慢语速、吐字清晰，宝宝就可以理解父母的话，这样与宝宝对话也会让他觉得自己与父母是平等的。

宝宝为什么大喊大叫

宝宝在公共场合突然大喊大叫一定是很多家长的噩梦。这种情况下，给宝宝讲道理完全没有用，如果不管他又会让他养成坏习惯，怎么"对付"这个"小麻烦"呢？

其实，对于宝宝的大喊大叫，大多数成年人都表示可以理解，因此父母不要对此有太大的负担。父母最需要注意的是，宝宝第一次大喊大叫的时候怎样处理。

如果宝宝的第一次大喊大叫出现在公共场合，父母要蹲下来，望着他的眼睛，用眼神告诉他这样做很不好。宝宝对父母的眼神通常很敏感，看到父母严肃的眼神会安静下来。如果宝宝看到父母的眼神却没有停止喊叫，父母可以平静地告诉他："你这样做会打扰到别人，你看大家都在看你。"

如果宝宝在家里高兴得大喊大叫，父母可以引导他换个游戏来玩，转移他的注意力。需要注意的是，不要让他误以为大喊大叫是吸引父母注意力的好方式。可以在宝宝喊叫一会儿之后再装作若无其事的样子建议他换个游戏。如果宝宝总是大喊大叫，那么这是一个精力旺盛的宝宝，父母需要找到合适的方法帮助宝宝解决精力过剩的问题，比如和他一起玩各种游戏等。

还有些宝宝大喊大叫是因为知道的词汇量有限，找不到可以表达自己情绪的词语。此时父母可以拉着他的手问他"是不是很生气""是不是很高兴"来确定他的情绪，丰富他的词汇量，并根据宝宝的情绪状况给予引导。

赢在起跑线上——早期教育小课堂

大动作能力提升小课堂

此时，宝宝的大肌肉的发展比以前更加完善了，多数宝宝能较平稳地走路，摔倒后能自己爬起来，可以手舞足蹈，而且很喜欢模仿成人的动作。父母应该重视对宝宝大肌肉的训练，帮助其不断提升大动作能力，可以参考以下方法：

1. 教宝宝平稳行走，帮助其提高身体平衡能力

多数宝宝在这个阶段已经会独立行走了，只是由于身体平衡

能力不是很好，走路时通常会左右摇晃，有时还不得不举起一只手来保持身体的平衡。此时父母应该多多关注宝宝的走路姿势，通过不断的训练和帮助，让宝宝学会很好地控制身体的平衡，学会平稳走路。如果宝宝在学习的过程中不慎摔倒，父母不要急着去搀扶，而应该鼓励宝宝自己站起来，重新进行练习。这样不仅能训练宝宝的动作能力，还有助于增强其意志。

2. 让宝宝在行走时跨越障碍

当宝宝走得较为平稳了之后，父母为了帮助宝宝进步，还可以在宝宝行走的过程中人为地设置一些障碍，如一些玩具、小物品等，让宝宝在行走时学会迈腿越过这些障碍。这个过程中，父母需要在一旁做好引导和看护工作，告知宝宝怎样才能顺利地越过并保障其安全。

精细动作能力提升小课堂

这个阶段的宝宝，其动作灵巧性的进步也更加明显，他们已经能自由地控制双手以及手指的活动了，而且还能独立做一些细致的动作，手指的协调能力得到了充分的发展。此时父母可以通过如下的一些训练帮助宝宝不断提升精细动作能力：

1. 开关盒子训练

父母可以准备一个带盖子的小盒子，先给宝宝作示范，用两只手把盒子打开，再把盒子盖上，也可以在盒子里装一些新奇的玩具，这样更能吸引宝宝。之后，让宝宝学着父母的样子自己打开盒子、拿出玩具，再关上盒子。这一系列相对复杂的动作对于锻炼宝宝动作的灵巧性是很有帮助的。

2. 揉纸巾游戏

这一阶段的宝宝很好动，也有十分强烈的好奇心。他们常常会在无意中做出一些捣乱的事情，从纸巾盒子里抽取纸巾并且将其揉成一团就是他们非常喜欢做的事情。当宝宝这样做时，父母如果想帮助其不断提升精细动作能力，最好不要马上制止，而在一旁观察宝宝的行为，看着他把纸巾揉成一团，再看着他将其展开，同时可以鼓励他多变换手指的姿势，灵敏地活动手指。 但是在游戏之后，父母应该告诉孩子随意抽取纸巾并将其揉成一团是一种不好的行为，平时尽量少做。

自理能力提升小课堂

随着身体的发育和其他多种能力的提高，再加上自我意识的发展，此时的宝宝很乐意独立行动，其生活自理能力也得以发展。此时父母可以多进行如下的一些训练帮助宝宝不断进步：

1. 让宝宝学习自己拿勺子吃饭

此时宝宝肢体的协调性和灵活性已经很强了，基本上能拿稳勺子，并且能自己拿着勺子往嘴里送食物了，只是有些时候宝宝吃饭的时候会很不专心或者喜欢随意用勺子乱搅，父母最好能在一旁监督并及时进行教导，帮助其培养良好的吃饭习惯，熟练掌握用勺子吃饭的能力。

2. 强化宝宝坐便盆排便的良好习惯

到了这个阶段，几乎所有的宝宝都会告诉大人自己想大小便了。不过，由于光顾着玩来不及脱裤子而尿湿裤子的情况也是常见的。这实际上是宝宝自理能力不够的表现，父母一定要帮助宝宝培养良好的排便习惯，比如父母可以先细心观察宝宝的排便规律，帮助其建立条件反射，到了宝宝差不多会排便的时间先进行提醒，之后要求其独立去完成，久而久之，宝宝自然能养成按时到指定地点排便的好习惯。

语言理解能力提升小课堂

这一时期的宝宝的语言表达和理解的能力有了新的进步，当别人叫宝宝或是提出一些简单要求时，他们会作出正确的回应；他们已能使用动词和形容词，或是用"看动画片""玩玩具"等简单的词组来表达稍复杂的意思了。此时父母可以通过如下的这些训练帮助其不断提升语言理解能力：

1. 教宝宝更为丰富的词汇，训练宝宝自如地表达

经过长期的训练和培养，不少宝宝此时的词汇量已经很丰富了，他们能很好地理解大人的意思，并且尝试自己说一些复杂的词语。父母可以多带宝宝阅读和识字，教给宝宝更多知识，帮助

宝宝丰富词汇量，并在此基础上教宝宝将掌握的一些词语用于日常表达，正确地表达出自己的意思。

2. 增强宝宝的理解能力和是非观念

这一时期的宝宝已经有了自我意识，会开始对大人说"不"了，有时还会表现出明显的反抗，但此时的宝宝并没有完善的是非观念，所以父母应注重对宝宝的管教，帮其明确是非观念，增强语言理解能力。比如，在喂宝宝吃饭的问题上，父母应该保持明确的态度，努力培养宝宝独自吃饭的习惯，不能每天哄着、惯着宝宝，如果宝宝在吃饭时哭闹或是不好好吃饭，就必须给予惩罚，态度坚决；在宝宝刚开始乱扔东西的时候，父母应该及时制止并进行教育，必要的时候还可以威胁和惩戒一下，并且要说到做到。

感觉认知能力提升小课堂

宝宝的各种感官此时已经发育成熟，而且功能更加健全了，随着身体的发育和知识的增长，其认知能力也在不断提高。此时父母可以通过如下的一下训练强化前期的成果，不断增强宝宝的感觉认知能力：

1. 带着宝宝一起欣赏家庭影集，训练宝宝辨认人物的能力，增强其记忆力

日常生活中，父母可以将家庭成员的照片制作成影集并保管好，也可以用照片、录像等记录下宝宝成长过程中的点滴，然后

在闲暇的时候和宝宝一起分享这些影集，一边指着照片或录像中的人物一边让宝宝辨认，以加深宝宝的印象，提高其观察和认知能力。

2. 让宝宝触摸一些安全物品，提升其触觉的灵敏性

在家里的时候，父母可以鼓励宝宝在房间里到处走走，边走边触摸一些安全的家用物品，如桌子、椅子、电话机、杯子等，一边摸一边告诉宝宝它们的名字，并让宝宝记住物品的形状和触摸时的感觉。

3. 让宝宝多听音乐，培养节奏感

父母可以带着宝宝多听一些节奏明快的儿童音乐，让宝宝体会音乐的节奏和韵律，鼓励宝宝随着音乐声起舞，这对提升宝宝的听觉能力和节奏感很有帮助。

社会交往能力提升小课堂

成长到这一年龄段，宝宝的好奇心和交流欲望都明显增强了，更喜欢与人说话，也更愿意用语言来表达自己的意思了。此时父母应该加强对宝宝社交能力的训练，帮助他们不断进步和提高，如下的这些训练方式不妨一试：

1. 让宝宝多与同龄人一起玩游戏，学会与人分享玩具

宝宝都是好动而贪玩的，到了这个时期，他们尤其喜欢跟同

龄人一起游戏,父母可以让自家的宝宝多与同龄人相处,鼓励他们一起玩游戏,一起分享手中的玩具,并且进行一些简单的交流,学会相互帮助。

2. 训练宝宝用连贯的语言来表达,并能回应别人的提问

想要自如地与人交谈和交往,连贯表达并能准确理解别人的意思很重要。所以,父母在平时可以增强对宝宝语言能力的训练,让其学会用较为连贯的语言来表达自己的意思,并且能在理解别人问题的基础上作出相应的反应和适当的回答。由于每个宝宝的能力发展水平不尽相同,训练的结果也可能存在差异,所以父母在这个过程中需要有耐心,千万不能急躁。

快乐人生从玩开始——宝宝游戏室

找宝藏——挑战认知能力

【准备工作】

宝宝的小玩具或者宝宝喜欢的小零食。

【游戏过程】

（1）把宝宝的玩具或零食藏在家里的某个地方。

（2）把藏宝地的特征告诉宝宝，让宝宝自己去找。

（3）找到之后可以给宝宝一些奖励，比如奖励零食或者陪宝宝玩一会儿玩具。

【游戏目的】

提高宝宝的认知能力，培养宝宝的空间感和探索欲望。

【专家有话说】

藏宝地最好具有明显的特征，便于宝宝寻找。当宝宝顺利找到玩具或零食之后，可以给宝宝一些奖励，让宝宝产生成就感。

我是运沙员——培养平衡能力和方向感

【准备工作】

小铲子、小桶、沙坑。

【游戏过程】

（1）让孩子用小桶装些沙子。

（2）告诉孩子把沙子运到哪个方向，可以说左右，也可以说东西南北，当然也可以用地标。

【游戏目的】

孩子在端着或者提着小桶行走的过程中可以很好地锻炼平衡能力。通过爸爸妈妈给的任务，他也可以尝试着学习辨认方向。

【专家有话说】

孩子如果在小桶里面装了过多的沙子的话，不要去阻止，让孩子自己去感受。当孩子意识到自己提不动那么重的沙子之后，他会自己倒出来一些。此外，孩子如果中途摔倒，不要着急去扶，让他自己站起来。

找朋友——培养观察能力

【准备工作】

几组两两一样的小玩具。

【游戏过程】

（1）吸引了孩子的注意力之后，把这些玩具混在一起。

（2）让孩子通过观察把这些玩具配成对，给它们找到好朋友。

【游戏目的】

培养孩子的观察能力，提高认知水平。

【专家有话说】

开始的时候最好找些区别明显的玩具，比如汽车和娃娃。随着孩子年龄的增长，可以提高难度，比如都选用汽车，而选择的汽车仅仅某个部分有区别。

1岁半左右的幼儿正处于行走的敏感期

通过涂鸦能看出宝宝的心理

教孩子学会分享

培养孩子独立做事的能力

针对1—2岁的幼儿，父母应该尽可能多地给予丰富多样的视觉、嗅觉、触觉及听觉上的刺激，鼓励幼儿在感受、模仿和体验中学习。

高情商家教思维

1. 针对 1—2 岁的孩子，教育的关键是什么？

_____

_____

_____

2. 如何在行走的敏感期教会孩子走路？

_____

_____

3. 如何迎接宝宝第一句话的到来？

_____

_____

4. 如何对待孩子这个阶段的涂鸦愿望？

_____

_____

5. 如何帮助孩子认识物体的形状？

_____

_____

6. 如何教孩子学会分享和与人相处？

_____

_____

第五章

2—3 岁幼儿早教方案

孩子的小世界——宝宝心理在变化

社会规范敏感期

孩子的社会规范敏感期通常为 2 岁半至 6 岁，此时的他们向往交朋友和参加群体活动。父母在此期间应该帮助孩子明确生活规范，使他们长大之后能遵守社会规范，自我约束。

这个时期的孩子主要还是和家人接触，其交际圈仍旧简单。为避免孩子养成自私、乱发脾气、极端和依赖大人的毛病，父母应该培养孩子的合作意识，从生活中的细节下手，鼓励孩子多多帮助别人，让他们觉得帮忙是一件快乐的事情。如果父母能够多给他们一点时间和机会做事，他们会更乐于合作。

2 岁和 16 岁是人性格叛逆的两个时期，其中，2 岁是孩子成长的转型期。他们时而高兴时而暴躁，有时候一定要某样东西，有时候又特别排斥某样东西，显得"不讲道理"。这些表现都是正常的，是他们处于社会规范敏感期时对外界探索时的必然表现。

此时父母应该帮助孩子学会控制情绪，对孩子多些理解和耐心。当孩子开始浮躁时，父母可以试着用他感兴趣的事物来吸引他，转移消极情绪。如果孩子闹脾气时带着试探性质，那么父母此时越是表现得在乎，他越有可能得寸进尺。所以，在不涉及安全也不影响他人的情况下，就让他闹个够，等他安静下来后，再去处理。

无论孩子处于何种情况下，父母都要试着从孩子的角度来思考问题。你要知道，他的视野比你窄，懂得的东西比你少，不要一边把他当成小宝贝宠，一边又期待他能够像成年人一样成熟懂事。

孩子总是骂人是怎么回事

孩子听到别人说的话以后会跟着学，这就是学习语言的过程。骂人、说脏话也是一样的，孩子并不知道自己所说的话的意思，他只是在重复自己学到的语言。当孩子学会骂人、说脏话的时候，父母不必过分担心，要认识并接受孩子的这种成长过程。当孩子骂人、说脏话的时候，父母要做的是告诉他如何正确地表达自己的思想。

孩子2岁半左右的时候，自我意识开始萌芽，会发现语言的神奇力量并去体验。若父母强行制止孩子说脏话，会让孩子更深刻地感受到语言的力量并更加喜欢这些语言。

那么父母应该如何科学地对待这种情况呢？孩子第一次说脏话的时候，大部分情况不是为了表达生气的情绪，而是淘气。对待2—6岁这一年龄段孩子的骂人行为，父母没有必要对孩子发怒或者急于纠正孩子的行为。若孩子长大并且已经明白骂人的目的之后还出现这种情况的话，父母就应该用非常严肃的语气指出孩子这样做是不对的，并且让他改正。

喜欢模仿父母的样子

孩子 2 岁多的时候，父母都会感慨他们的模仿能力实在太强了。去医院看到医生给病人打针，孩子们回家之后都能准确地模仿出推注射器、用棉签消毒、打针和按住针孔这一系列的动作。看到爸爸刮胡子，小男孩一般都会很感兴趣，学着刮自己的脸。除了骄傲和惊讶，父母也要开始注意自己的言行了，因为孩子正在观察你们。

如果孩子的模仿能力不是很强，对新事物也没有表现出很大的兴趣，那么父母可以引导孩子进行模仿，比如和孩子看完画册之后，陪他一起模仿其中的动物、人物和对话等。生活中还有很多可以模仿的对象，比如公交车报站、开车、超市结账等。

有的孩子看到别的婴儿吃奶，他们会掀起自己的衣服给布娃娃或者动物"喂奶"，要不要阻止这种行为呢？或许在成年人看来，这样做不是很文雅，但小孩子只是在单纯地模仿而已，没有别的意思，父母没有必要批评他们。很多小孩都经历过学妈妈哺乳的时期，过了这个时期就好了，有时候可能只学一次就没有兴趣了。

这个阶段的孩子模仿能力很强，父母在这个时候就不要再把孩子当成什么都不懂的小不点了，要作好表率。

如何面对孩子撒谎的问题

虽然大家都知道诚实的可贵，但是，无一例外，所有人都撒过谎，就连那些天真的小孩子也不例外。儿童心理学家研究发现，几乎所有的儿童都会撒谎。不过，孩子撒谎和大人不同，他们撒谎大多与诚实与否无关。

孩子撒谎不外乎两个原因，一是模仿大人，二是迫于压力。每个孩子最初的谎言都是这样来的——模仿大人。没有哪个父母会故意教孩子撒谎，即使经常撒谎的父母也并不喜欢自己的孩子撒谎。但如果父母在和孩子相处中，为了哄孩子听话，经常用一些假话来骗他；或者是父母经常对别人撒谎，不时地被孩子听到，孩子就会慢慢学会说谎。

造成孩子撒谎的另一个原因就是"压力"，即父母比较严厉，对孩子的每一个过错都不轻易放过，批评指责，甚至打骂。

父母都会对自己孩子撒谎的问题感到恼火，但是当孩子宁可承受撒谎带来的压力与痛苦，也不告诉父母真相时，说明孩子在潜意识中已不信任父母了。所以，父母有责任通过改变自己唤起孩子的改变，使谎言止于"源头"。

还有些孩子撒谎是由于大脑发育不完善，有时候记忆出现偏差导致"撒谎"。总之，父母要杜绝孩子撒谎，一定要具体问题具体分析，要防止粗暴地解决问题而伤害到孩子的心灵。

赢在起跑线上——早期教育小课堂

大动作能力提升小课堂

孩子的肢体到这个时期已经更加灵活和协调了，运动能力也日益增强。此时父母可以通过如下的一些训练帮助其不断提升大动作能力：

1. 训练孩子学习控制重心

当孩子能走会跳之后，活动也更加稳定了，父母在这时可以锻炼其控制身体的能力，如教孩子用足尖走路或单足站立，观察他此时是否仍能保持身体的平衡。在进行训练时父母最好能灵活地运用一些方法，激发孩子的兴趣和练习热情，例如父母可以在训练前说："看！我们来学小燕子飞！"然后抬起脚跟，伸出双臂向前行，做起飞的动作；或者单足站立后说："我们来学金鸡独立！"

2. 让孩子练习端物行走

在训练之前，父母可以准备好一个空的塑料碗，先示范端着碗从房间的一边走到另一边，之后让孩子模仿和学习自己的动作。在练习时，父母应该要求孩子把碗靠在胸前，而当孩子行走时，父母应该在一旁保护和指导，提醒孩子要看好前面的路慢慢地走，避免其发生危险。

3. 让孩子练习举手过肩投球

父母在平时可以和孩子玩投球的游戏。在进行这一游戏时，一些孩子由于能力有限，往往把球从胸前或腹下部向前抛，球投得不远。此时父母可以先作示范，将手抬到肩上方，略向后，再向前投球，等孩子观察一阵之后，再训练孩子举手过肩投球。

精细动作能力提升小课堂

在这一时期，孩子小肌肉的发育和精细动作的发展进一步完善，小手更加灵活，而且还对绘画、搭积木、串珠子等游戏非常感兴趣。父母可以利用这些特性，通过如下的一些训练帮助其不断提升精细动作能力：

1. 和孩子一起玩串珠子游戏

在游戏之前，父母需要准备好一根绳子和一些直径约 2 厘米的大木珠（废弃的算盘子也可以），然后和孩子一起坐在桌前。父母可以先示范将绳子从珠孔穿入，再从洞口的另一端将绳子拉出来，并要求孩子在这个过程中认真观察，几遍之后，再要求孩子模仿自己刚才的动作，完成串珠子游戏。这个游戏能训练孩子双手的协调配合能力和手眼的协调能力。

2. 让孩子学习画圆圈

父母先准备好一张大的白纸和一支画笔，将它们放在桌面上，然后指导孩子用右手握画笔在纸上画圆圈。由于能力有限，很多孩子可能只知道随意涂鸦而不懂得画圆圈，因此父母应先作示范，在白纸上画一些圆圈，或者握住孩子的手在纸上画一些圆圈，经过一段时间的训练和指导，孩子或许就能画好了。

语言理解能力提升小课堂

这一阶段是孩子语言能力发展的敏感期，他们对于周围的事物总是充满着好奇心，求知欲正强，而且学习语言的能力也比以前有了不小的进步。此时父母应该特别注重提升其语言理解能力，如下的训练不妨参考一下：

1. 教孩子用完整的语句讲话，提高其口语表达能力

在平时，父母可以训练孩子将简短的、表意不明确的词组扩充为完整的简单句子；可以训练孩子将一些顺序颠倒的词语纠正过来，进行正确排列；可以有意识地多与孩子进行交流和对话，在这个过程中教孩子一些新的词语和句子，增强其语言理解能力。

2. 训练孩子对事物进行简单的描述，多鼓励他们说出自己的想法

在平时的生活中，父母可以抓住机会训练孩子对事物的描述能力，在与他们有关的事物上多多询问其感受，比如父母可以带着孩子观察家里养的小猫、小鱼等，在观察的过程中，让孩子试着用自己的语言说出这些动物的特点，并在一旁给予帮助和指导。当父母想给孩子买玩具或者文具的时候，还可以多询问孩子的想法，让其学会发表自己的意见。这些训练对提升孩子的语言理解能力都是很有帮助的。

感觉认知能力提升小课堂

到了这一时期，孩子的视觉变得较为敏锐，手眼协调能力快速增强，立体视觉能力也在逐步发展和完善。与此同时，孩子的听觉、嗅觉等也有了明显提高，他们更喜欢有声音的环境，对于物体味道的判断也更为准确了。此时父母可以通过如下的一些训练帮助其不断提升感觉认知能力：

1. 教孩子识别大小、形状和颜色

孩子此时已经有了颜色、大小和形状的概念，加上之前的训练，他们在日常说话时也常会有意识地形容物体的大小、形状和颜色。父母可以逐渐将这几方面的训练结合起来，拿一些颜色、大小和形状各异的积木给孩子玩，在玩的过程中给孩子讲解这方面的知识，让其学会去区分玩具的大小、形状和颜色。随着训练

难度的增大，孩子的感觉认知能力会逐渐提升，其大脑会越来越发达，智力也会得到迅速的发展。

2. 让孩子学会辨别动物的叫声

成长到这个时期，孩子不仅能清晰地听到来自各个方向的声音，找出声音的来源，而且还具备了一定的听觉辨别能力和听觉记忆能力，已经能区分一些常见动物的叫声了。此时父母可以将猫、狗、鸡、鸭子等动物的声音录下来，在安静的时候播放给孩子听，让其指出某种叫声是哪种动物发出的，同时还可以指导孩子模仿这些声音。

自理能力提升小课堂

随着大肌肉和小肌肉的发展，这一时期的孩子对生活中的琐事基本都能自理了，他们常常以自己能完成某件事情或者能为父母做些小事而兴奋不已。此时父母应该多鼓励孩子自己动手，并且通过如下的一些训练不断提升他们的自理能力：

1. 教孩子使用筷子

通过之前的学习和训练，不少孩子都已经学会了用勺子吃饭和拿笔涂鸦，这时父母可以在此基础上教孩子用筷子吃饭。训练时，父母可以先拿出一根筷子让孩子按照握笔的姿势拿好，再告诉孩子握笔和拿筷子的方法是相通的，只是筷子一般都是两根一起用，然后父母给孩子示范如何握住两根筷子并用其夹食物，让孩子在一旁观察，几次之后，父母就可以训练孩子自己拿一双筷子夹东西了。如果孩子一时还学不会，父母可以手把手地教，直到孩子掌握了为止。

2. 教孩子扣扣子和拉拉链

父母可以先给孩子找一件有拉链的衣服，训练孩子拉拉链，等孩子学会了之后，再找一件有扣子的衣服，让孩子学习自己扣扣子。刚开始的时候，如果孩子不会，父母可以先作示范，边做边告诉孩子把扣子放进扣洞内，就表示扣好了；把扣子从扣洞里拿出来，就是解开了。几次之后，再要求孩子自己练习。

社会交往能力提升小课堂

这一时期的孩子仍处于求知欲和交往欲非常旺盛的时期，他们通常喜欢热闹的环境，喜欢有伴的生活，特别喜欢和年龄相仿的人一起玩，而很少有人愿意一个人独处。此时父母想要帮助孩子提升社会交往能力可以多进行以下的练习：

1. 鼓励孩子多和小朋友玩"过家家"等集体角色游戏

这个年龄段的孩子喜欢与人交往，但由于自我意识和占有欲等都很强，所以经常容易与人闹矛盾、发生争抢行为。通过"过家家"游戏，让几个孩子分别扮演爸爸、妈妈、爷爷、奶奶、宝宝等角色，教他们如何履行角色的各项义务，在角色游戏中领会人与人的交往和联系，丰富生活经验。

2. 培养孩子良好的道德品质和情感，让孩子学习文明礼貌和礼仪

在日常生活中，父母不仅可以利用故事、儿歌、游戏等让孩子学习礼貌用语，还可以通过言传身教潜移默化地影响孩子，让其了解文明礼貌的重要性，感受礼貌用语的"美"，增强与人交往的能力。比如，当遇到熟人的时候，父母应该热情地与人打招呼，并鼓励孩子进行问候；当得到别人的帮助时，父母应及时表示感谢；当做错事情时，父母应及时道歉等。

快乐人生从玩开始——宝宝游戏室

拆拆装装——培养探索精神

【准备工作】

简单的机械玩具。

【游戏过程】

（1）父母与孩子一起把玩具拆开。如果孩子很好奇，就让孩子自己来拆；如果孩子不喜欢动手，父母可以拆开给孩子看。

（2）把玩具内部的构造展示给孩子看。

（3）重新组装玩具。

【游戏目的】

培养孩子的探索精神和解决问题的能力，引导孩子认识世界。

【专家有话说】

很多孩子，尤其是男孩子，都会经历喜欢拆东西的时期。此时父母不要粗暴地斥责孩子淘气，其实这是孩子对周围的世界产生了兴趣，拆东西是他们探索世界的一种方式。当孩子开始喜欢拆东西的时候，父母可以为孩子准备一些简单的、便于拆装的小玩具来满足孩子的好奇心。

折纸游戏——培养手眼协调能力

【准备工作】

彩色的卡纸、折纸书。

【游戏过程】

（1）打开折纸书，与孩子一起照着书上的方法折纸。

（2）多折几次，直到孩子自己学会折纸。

（3）把孩子的折纸作品收藏起来，数量够多的时候可以办一个家庭小展览。

【游戏目的】

培养孩子的手眼协调能力，并且让孩子有成就感。

【专家有话说】

折纸难度应该遵循"循序渐进"的原则，要从简单的开始，逐渐增加难度，否则会打消孩子的积极性。可以多准备几种颜色的卡纸，提高孩子对折纸游戏的兴趣。

喜欢模仿父母的样子

宝宝乖，快睡觉！

你们要当好"爸爸妈妈"，管理好自己的"孩子"啊！

鼓励孩子和别的小朋友玩"过家家"游戏

我们来学小燕子飞！

训练孩子控制身体的重心

2—3岁的幼儿已经具备了独立完成许多动作的能力，而且观察与模仿能力很强，父母需要做好孩子的榜样，让孩子学会与人友好相处。

高情商家教思维

1. 2—3 岁幼儿的敏感期有哪些？

_____

_____

2. 在社会规范敏感期，如何规范孩子的言行？

_____

_____

3. 父母如何在平时的生活中给孩子做好榜样？

_____

_____

_____

4. 如何面对孩子撒谎的问题？

_____

_____

_____

5. 如何在这一阶段培养孩子的社交能力？

_____

_____

_____

第六章

3—4 岁幼儿早教方案

孩子的小世界——宝宝心理在变化

心理教育关键词——人际交往能力

孩子们的性格多种多样，在与人交往的时候，有的孩子人见人爱；有的孩子经常惹人生气；有的孩子在别人开口之前就能领会其用意；还有的孩子虽然有问才答，但却有问必答，这样的孩子也招人喜爱。不过，还有些孩子完全把自己封闭起来，处处提防，充满攻击性。

人际交往是每个人必须要面对的。哈佛大学一位教授曾经指出："在社会活动中，人际交往能力的核心是留意他人差别的能力，特别是观察他人的情绪、性格、动机、意向的能力。"人际交往能力属于非智力因素，取决于后天的培养和开发，能够使人更加了解他人，从而更好地与他人一起工作和生活。

事实上，孩子从一出生就开始了交往活动，随着年龄的增长，他们与人交往的能力会不断增强，交往策略也变得更加丰富。结交朋友对每个人来说都非常重要。如果想要提高孩子的人际交往能力，父母必须要做到对孩子的话耐心倾听、及时回馈等。培养孩子的人际交往能力，首先要让孩子在家庭中学会与别人沟通，并在沟通中学会理解；其次要鼓励孩子多与同龄人交往，因为同龄人年龄相近，心理状态相似，往往能够更好地理解彼此，也能更好地交流。

书写敏感期来临

蒙台梭利把儿童的敏感期划分为 9 类，其中，书写敏感期通常为 3 岁半至 4 岁半。父母如果发现孩子开始喜欢拿着笔涂涂画画，那就可以确定孩子的书写敏感期已经到了。

孩子的书写敏感期会经历几个阶段：首先，拿着笔在纸上随意地戳戳点点；其次，学会画出线条，此时孩子们会在纸上来来回回地画不规则的线条；然后，在纸上画不规则的圆圈以及其他图形；最后，书写规规矩矩的文字。

当孩子拿起画笔开始画画的时候，有些父母过于欣喜，觉得自己家要出"大画家"了，然后就带孩子去学习绘画，并指定孩子要画哪些东西，家里来客人还会邀请客人去看自己孩子画画。其实，此时父母要做的最重要的一件事就是培养孩子对握笔的兴趣，维持孩子的书写激情。可以给孩子买一些造型奇特的笔来提高孩子拿笔的兴趣，并为孩子提供丰富的书写材料，让孩子感受不同质地的纸张。另外，父母要对孩子书写的行为给予及时的回馈，比如表扬，也可以进行进一步的指导。实际上，如果父母能够给孩子创造出富有乐趣的书写环境，孩子的书写敏感期可能会提前出现，这十分有利于孩子未来的发展。

疯狂爱上剪剪贴贴

孩子到了三四岁的时候往往会自然地爱上剪剪贴贴，而且非常认真，做几个小时也不嫌累。

孩子在剪剪贴贴的过程中，增强了手的灵活性。虽然他们还不能做更加精细的动作，比如写字、画画，但能完成剪纸或者剪图这样的动作。这时候父母不要因为害怕剪刀伤害孩子而进行阻止，而是应该尽力教会孩子怎么使用剪刀和小刀等物品。

父母还要注意的是，开始的时候孩子并没有要把纸剪成某种形状的想法，不要强迫他去剪成什么形状，让他随意剪，以激发他的创造力。随后孩子自然就能够更灵巧地把纸剪成自己喜欢的形状。

当孩子学会剪形状之后，父母也不要为孩子设定主题，只需给他备好材料，让他自己去完成，在他创作的过程中最好不要去打扰。在这个过程中，孩子不仅能学会使用简单的工具，而且也能享受改变世界的乐趣。为了教会孩子使用更多的工具，父母还可以与孩子一起进行手工制作，比如现在很流行的纸模型制作。这样不仅可以锻炼孩子的动手能力，还能增进亲子间的感情。

孩子爱上剪贴的同时，也会开始喜欢涂色。为了让孩子掌握这些技能，父母可以给孩子买一些涂色书，指导孩子去模仿和学习。此时父母还要保护孩子用笔的积极性，为后期学习书写打下基础。

独立性和依赖性同步增强

此阶段的孩子身上会出现两种看似矛盾的情况：第一种是事事追求独立，希望父母不要干预自己的任何事情；第二种是变成父母尤其是妈妈的小尾巴，总是黏着妈妈。

这看似矛盾的两种情况为什么会同时出现在孩子身上呢？其实，这是孩子心理发展的两个阶段，只是它们发生在了同一个时间段。

此时是孩子自我意识发展的高峰期，他们逐渐意识到自己可以脱离父母做很多事情，也急于想知道自己究竟可以对这个世界产生什么样的影响，无论什么事情都希望自己亲自去做。即使父母出于好心帮助他们完成某些事情，他们也会对父母大哭大闹，拒绝父母的帮助。父母经常会由此产生一种"费力不讨好"的感觉。其实从此时开始，父母就要学会逐渐放手，在孩子的背后欣赏他们。当他们取得成绩的时候，为他们加油；当他们遇到挫折的时候，给他们鼓励和引导，千万不要剥夺他们成长的权利。

与此同时，孩子的情感世界也已经被父母唤醒，对情感产生了更深刻的体会。所以，孩子在这个阶段又特别喜欢跟父母待在一起，感受来自父母的温暖。这个时候，孩子会希望父母把爱都给自己，不能分给别人，父母对别人微笑都可能让孩子"醋意大发"。为了帮助孩子走过这段独立性与依赖性并存的时期，父母应该满足孩子对感情的要求，同时还要学会放手，让孩子独自去解决问题。

引导孩子与同龄人建立友谊

4 岁左右的孩子通常都有自己的朋友圈子了，可能是幼儿园的同学，也可能是小区的好朋友。如果此时孩子还没有自己的朋友，父母就要分析孩子的情况，引导他与同龄人建立友谊。

1. 在幼儿园里没有朋友

有的孩子进入幼儿园两三个月之后依然没有朋友，总是孤零零地一个人做游戏。这样的孩子大多腼腆害羞，有时候别的小朋友找他们玩，他们也会感到紧张，不知所措，因此错失了很多交朋友的机会。父母去接孩子的时候通常能够发现自己的孩子有没有好朋友。如果没有的话，首先想一想是不是自己的家庭不和谐，使得孩子不愿意与别人交往；然后再想想自己对孩子的鼓励是不是不够，如果是这样就要多给孩子一些肯定，让孩子变得自信。

2. 在小区里没有朋友

现在很多小区都有健身、休息的地方，大人们可以在这里聊天，孩子们也可以在这里一起做游戏。如果自家孩子在有很多小孩的地方也没有人跟他一起玩，或者是只玩了一会儿别人就不愿意和他玩了，父母就要反省自己在日常的教育中有没有灌输独占、喜欢占小便宜的思想。如果没有，孩子之间发生矛盾，要让他们自己解决。之后孩子和别人和好的时候也不要取笑孩子没有骨气。如果孩子是因为内向不敢与别人交往，那么父母开始的时候可以和孩子一起玩，然后再引导孩子与其他小朋友一起做游戏。

孩子有攻击行为要如何解决

孩子出现攻击行为很正常，每个孩子都会经历这个时期。如果孩子开始出现这种行为时，没有得到正确的引导就可能会养成打人的坏习惯。孩子和成年人一样，不会无缘无故生气，如果孩子打了别的小朋友，一定有自己的原因。但是 4 岁多的孩子是不会为自己解释的，所以孩子为什么打人一直困扰着父母。父母不妨站在孩子的角度想想究竟是什么原因让孩子打人。父母站在孩子的角度，帮助孩子把自己的感受表达出来："别着急，爸爸妈妈会帮助你的。"这样孩子就不会把气撒在别的小朋友身上了。有时候孩子打人也是出于一种自卫本能。

当孩子心情不好或者没有完成某件事的时候，就会选择自己的方式发泄不满的情绪。这时父母需要安抚他的情绪，帮助其树立信心。不要一味训斥打人的孩子，因为此时的孩子并没有意识到自己的行为是错误的，突如其来的训斥只会让孩子感到莫名其妙。也不要因为孩子打人而揍孩子，孩子理解不了父母的用意，只会觉得受到了伤害， 这样会让孩子不再信任父母。

赢在起跑线上——早期教育小课堂

大动作能力提升小课堂

到了这个年龄段，孩子的活动能力更强了，不仅能自如地走路、跑步，还能完成很多以前无法做到的动作，而且不少孩子也变得十分活泼好动。此时父母可以通过如下的一些训练帮助其提升大动作能力：

1. 让孩子练习接抛球

一般来说，2 岁之后的孩子已经能学会接滚过来的球和从地面上弹过来的球。而到 3 岁之后，父母可以在此基础上教孩子接抛过来的球。开始练习时，父母和孩子保持一段距离站立，让孩子将双手伸出来做好接球的准备动作，然后轻轻地将球抛给宝宝，让其用手接住。随着孩子接球技术的提高，可以逐渐拉大距离练习，而且球的落点可以在孩子的肩和膝的范围之内，使孩子需要将双手抬高或者略为弯腰才能将球接住。

2.让孩子练习双脚交替上下楼梯

这一阶段，孩子腿部的肌肉已经逐步发育成熟，而且也很有力量了，父母在这时可以教其用双脚爬楼梯。可以先教孩子双脚交替上楼梯，等他熟练掌握之后，再教他双脚交替下楼梯。需要注意的是，这种训练要慢慢进行，根据孩子的身体情况，选择一些坡度不大的楼梯练习，以免发生危险。

精细动作能力提升小课堂

现代医学研究已经证实，人体的器官和肌肉都是由大脑控制的，如果人能有意识地多锻炼动作的灵巧性，不仅能充分发展小肌肉，也能激发大脑细胞的活力，促进智力发育。所以，父母应该根据孩子这一阶段的发育特点，帮助其不断提升精细动作能力，以下是一些可行的训练方式：

1.教孩子学习定形撕纸

在进行练习之前，父母可以准备一些白纸，然后将这些纸用缝纫机轧上条状或者圆形、三角形、长方形以及其他形状的针脚孔，再示范如何沿着这些针脚孔来撕纸，等孩子学会怎么做之后，便让他练习沿着针脚孔将这些白纸撕成各种形状。这个游戏能锻炼孩子的手眼协调能力，有助于提升其精细动作能力。

2.让孩子多玩捏橡皮泥

这一阶段的孩子对捏橡皮泥、玩沙子之类的游戏非常感兴趣。

父母此时可以多为孩子准备一些橡皮泥，然后教孩子将橡皮泥捏成各种各样的形状，以此来锻炼其手指的灵活性。

3. 教孩子粘贴动物图片

给孩子准备一些彩色图案碎片，在一张大白纸上画上一个动物轮廓，指导孩子将碎片背面涂上胶水贴在动物轮廓内。在这个过程中，孩子有可能将胶水弄得到处都是，父母不要因此就担心或是责骂孩子，而要多鼓励和帮助，等游戏结束之后，帮孩子洗掉就行了。这个游戏能锻炼孩子的手眼协调能力，掌握用手的技巧。

语言理解能力提升小课堂

这个时期是孩子语言发展的敏感期，他们的词汇量成倍增加，发音的准确度和清晰度也提高了不少，对他人语言的理解能力以及表达能力也增强了不少。父母在此时可以多对孩子进行如下的一些训练，以帮助其不断提升语言理解能力：

1. 多鼓励孩子说复句和完整句，并不断提高词汇的概括水平

在日常生活中，父母可以用打电话的方式训练孩子的口语表达和听觉能力，用朗读和背诵训练孩子良好的语感，用绕口令帮助孩子练习发音和正音。在训练的过程中，父母要有足够的耐心，运用正确的方法灵活引导，并及时纠正孩子表达过程中出现的问题。

2. 多给孩子表达和说话的机会，使孩子的想象力得以充分发挥，表达力得以充分体现

对于三四岁的孩子，父母平时询问孩子时最好不要让孩子作简单的是非判断，而应该鼓励孩子充分发挥想象力，尽量用较为连贯且清晰的语言表达自己的想法。在这个过程中，父母要注意孩子的口齿是否清楚、发音是否准确，对于错误的发音要及时纠正。

感觉认知能力提升小课堂

到了三四岁的时候，孩子的各种感觉能力已经变得更加敏锐了，他们很喜欢用眼睛去观察周围的事物，在视线的指导下去接触新事物，同时更希望借助各种感官来更好地认识和了解世界。此时父母可以通过如下的训练帮助其不断提升感觉认知能力：

1. 带孩子去动物园观察动物，然后指导其自制动物书
父母可以利用休息时间带孩子到动物园游玩，让孩子在游玩

的过程中多观察、多思考，并且给各种动物拍照。回到家之后，将这些照片冲洗出来，并且让孩子根据动物的种类将照片进行分类和排序，结集成一本相册。完成之后，父母一边陪着孩子欣赏，一边让孩子根据记忆模仿这些动物的叫声等。

2. 让孩子学会跟着音乐唱歌

父母平时播放音乐给孩子听的时候，可以鼓励孩子跟着音乐学习唱歌。先将歌曲完整地播放一遍，让孩子仔细听，之后再逐句逐句地重复播放，每放完一句，就让孩子跟着唱一句。这样经过重复训练之后，相信孩子很快就能听清并学会了。

自理能力提升小课堂

三四岁是绝大部分孩子上幼儿园的年龄段，在这一阶段，孩子的行动能力明显增强，很多生活小事都能独立完成了。不过，有些孩子过于依赖父母而不愿自己去做，此时父母可以通过以下的训练帮助其不断提升自理能力：

1. 教会孩子自己穿脱衣服和裤子

随着孩子独立行动能力的不断提高，此时他们已经掌握了较多的基本生活技能。父母可以在让孩子配合着穿脱衣裤的基础上学习独立完成这些事情，比如当早上起床的时候，父母可以将衣服和裤子放在孩子的身边，要求其自己学习穿衣服和裤子。在这个过程中，告诉孩子穿衣服时应该先伸出两只手穿上袖子，之后扣好纽扣，然后整理衣领等。

2. 教会孩子自己穿鞋子和系鞋带

孩子成长到这一时期，在生活上学会自理很重要，父母应该在此时教会孩子自己穿鞋子和系鞋带。在刚开始的时候，父母可以先在帮孩子做这些事情的时候有意识地教孩子学会观察和模仿，然后逐步教孩子自己完成这些事情，帮助其不断提升自理能力。

社会交往能力提升小课堂

无数实践证明，交往能力强的孩子，由于能和他人和谐相处而能学到更多的东西，也更快乐，而且交往能力的强弱还影响着孩子其他能力的发展和提高，也深远地影响着其以后的生活。父母在这个时期应该多关注孩子社会交往能力的提升，如下的训练可以借鉴一下：

1. 让孩子学会独自与人打交道，建立自己的朋友圈

通过之前的训练，多数孩子已经习惯了由父母带着外出游玩，并且初步学会了与人交往和游戏。此时父母可以在此基础上让孩子学会独自与人交往和交流，如送孩子上幼儿园，让其在幼儿园接触不同的小朋友，与小朋友们游戏和玩耍；放学回家后，鼓励孩子独自到小区的广场、院子里找熟悉的小伙伴一起玩，让孩子在此过程中不断提升社会交往能力，建立自己的朋友圈。

2. 利用游戏培养和提升孩子的交往能力，帮助其尽快融入集体生活

游戏是幼儿喜爱的主要活动，也是互相交往的最好方式。在这一阶段中，父母可以为孩子创造与人交往的良好环境，使他们有机会多接触同伴，在游戏中主动去学，如父母可以带孩子去邻居家玩或邀请邻居家的孩子到自家玩，使孩子在游戏过程中体验一起玩的乐趣。

快乐人生从玩开始——宝宝游戏室

过家家——培养社会交往能力

【准备工作】

玩偶、小瓶盖、盒子之类的东西。

【游戏过程】

（1）让孩子与其他的小朋友一起玩过家家。

（2）父母可以给孩子建议一些主题，除了传统的照顾小宝宝、医生和病人以及老师讲课等，还可以让孩子扮演更多的角色，比如厨师、服务员、顾客、记者、律师等。也可以把游戏场景假设为书店、快餐厅、银行等。

【游戏目的】

培养孩子的语言能力以及与其他小朋友交往和合作的能力，同时还能促进孩子观察周围的世界，形成自己的思维方式。

【专家有话说】

"过家家"是一个非常经典的游戏，可以锻炼孩子多方面的能力，且不需要过多的玩具和空间，只要有一些瓶盖、盒子之类的物品，孩子们就能玩得不亦乐乎。

培育小盆栽——培养爱心和自控能力

【准备工作】

一盆简单易养的盆栽。

【游戏过程】

如果家里养花的话，可以分出一盆专门让孩子来照顾，督促他给盆栽浇水、松土、施肥，经常与他一起观察植物的生长情况。

【游戏目的】

培养孩子的责任感和爱心。

【专家有话说】

除了植物，小金鱼等小动物也是很好的选择。另外，如果家里经济状况允许的话，还可以为孩子认领一棵树，按时带孩子去照看小树苗。让孩子学会照顾动植物，可以培养孩子的爱心。如果想要植物长得茂盛，必须要按时浇水、施肥，这也可以培养孩子的自控能力。

老鹰捉小鸡——培养情绪控制能力和合作能力

【准备工作】

开阔的户外场地。

【游戏过程】

（1）选出一位小朋友当老鹰，一人当母鸡，其余的人当小鸡。

（2）小鸡躲在母鸡后面排成长龙，并抓着前面人的衣服。

（3）老鹰的任务是去抓躲在母鸡身后的小鸡，而母鸡的任务则是阻挡老鹰的攻击，保护小鸡。

【游戏目的】

提高孩子的运动能力和反应能力，培养孩子的团队合作精神。此外，如何面对游戏结果还能教会孩子控制情绪。

【专家有话说】

完成一次游戏之后要换角色，最好能够让参加游戏的孩子都能体验老鹰、母鸡和小鸡三种角色。

模仿大猩猩——培养观察能力和运动能力

【准备工作】

宽敞的地方或者开阔的户外。

【游戏过程】

（1）爸爸说出一种动物的名字，妈妈和孩子一起来模仿。

（2）爸爸可以根据不同的目的说出不同的动物。如果想锻炼孩子双脚起跳的能力，可以说一些擅长蹦跳的动物名字，比如兔子、袋鼠等；如果想锻炼孩子四肢的协调能力，可以说一些四肢着地的动物名字。

【游戏目的】

培养孩子的观察能力和记忆能力，孩子还可以在活动过程中提高运动能力。

【专家有话说】

有机会父母可以带着孩子去动物园近距离观察动物，这样可以帮助孩子更好地认识事物，提高观察能力，使模仿惟妙惟肖。做游戏不仅可以让孩子的生活五彩缤纷，而且可以让孩子在快乐中提高反应能力和肢体的灵活性，所以父母一定要善于利用"游戏"这个工具。

孩子疯狂爱上剪剪贴贴

引导孩子与同龄人建立友谊

培养孩子的自理能力

3—4岁的孩子逐渐走出家庭来到幼儿园，这一阶段的重点是培养孩子的自理能力和交往能力，让孩子很好地融入集体，与他人和谐相处。

高情商家教思维

1. 3—4 岁幼儿的敏感期的关键是什么？父母应该如何做？

_____

_____

_____

_____

2. 如何进一步训练孩子的交往能力？

_____

_____

_____

_____

3. 如何应对孩子书写敏感期的来临？

_____

_____

_____

_____

4. 孩子有攻击行为怎么办？

_____

_____

_____

_____

5. 如何培养孩子这一阶段的自理能力？

_____

_____

_____

_____

第七章

4—5 岁幼儿早教方案

孩子的小世界——宝宝心理在变化

阅读敏感期到来

在 4—5 岁这段时间里，孩子的阅读兴趣尤其强烈，也就是俗称的"阅读敏感期"。

这时的孩子一般开始识字了，阅读跟识字是相辅相成的，父母最好把识字和阅读结合起来。父母可以一边指着读本一边念故事，让孩子知道纸面上的文字和故事有一一对应的关系，这样孩子就会对文字产生兴趣，在不知不觉间学会识字。

父母需要注意的是，孩子识字的速度和效果是没有定量的，切忌为了展示"我的孩子 4 岁就能识得 1000 个字"而强迫孩子学习，那样就会破坏孩子学习的热情。

父母引导孩子进行广泛的阅读，要让孩子选择自己喜欢的书，不一定要看名著，关键是要启发孩子去主动寻找自己的兴趣。给孩子读的书的内容也不宜超出孩子年龄段的正常理解范围。孩子如果没办法理解书里的内容，这只会打击孩子读书的信心。所以，父母要多带孩子去书店，让孩子挑选自己喜欢的书籍，自己也可以挑选一些书和孩子一起看。我相信，书的味道可以让整个家庭都沉浸在温馨、充满智慧的氛围中。

让孩子从小自信的方法

每个孩子都对自己有一些不恰当的认识，自卑就是一种过多地自我否定而产生的自我贬低的情绪体验。虽然这是每个孩子都会有的心理现象，但是优秀的父母能够引导孩子克服自卑、超越自卑，能够帮助孩子合理地调节心理压力。

首先，要教会孩子运用全面发展的观点看待自己和周围的事物，认识到人不是十全十美的，对于自己的缺点也不要悲观；其次，帮助孩子确立一个奋斗目标，让孩子通过努力，突出自己某一方面的特长，从而弥补自己心理上或生理上的缺陷。这就是心理学上的"代偿作用"，即扬长避短，把自卑转化为自强的动力。

父母还可以从孩子生活中的细节入手，鼓励孩子树立自信，比如鼓励孩子在幼儿园里尽量往前坐。虽然坐在前面比较显眼，但有关成功的一切也是显眼的。让孩子学会正视别人，不但能带给孩子自信，也能为孩子赢得别人的信任。将孩子走路的速度提高25%。许多心理学家认为，懒散的姿势、缓慢的步伐常与这个孩子对自己、对生活以及对别人的不愉快的感受有关，而借着改变姿势与走路速度，可以改变心理状态。使用这种加快步伐的方法，孩子就会感到自信心在滋长。相信长此以往，孩子一定能够变得自信满满。

玩依然是主旋律

教育家福禄贝尔说过："游戏是儿童成长的全过程。"对于孩子来说，玩具有很重要的意义，是孩子需要认真完成的任务。

1. 玩能够使孩子的大脑得到发育

孩子会通过做游戏对身边的事物产生兴趣，进而对事物进行观察和体验。在这个过程中，孩子的好奇心得到了满足。游戏可以再现生活中的场景，孩子可以练习用自己的方式解决生活中可能出现的问题。

2. 游戏可以帮助孩子茁壮成长

孩子在游戏的过程中，会奔跑、拉伸等，这样身体就能得到锻炼，体质也会增强。

3. 做游戏可以让孩子的性格变好

孩子白天能够尽情玩耍，专注地玩游戏，晚上就能够充分地休息，这样就可以形成一个良性循环。当孩子做游戏的愿望得到满足的时候，孩子也会变得快乐和活泼。

4. 孩子会在做游戏的过程中学会如何与别人交往

在游戏的过程中，孩子们需要积极合作，还需要遵守特定的规则，也学会了理解其他小朋友的情绪，他们的社会性得到了飞跃式的发展。

赢在起跑线上——早期教育小课堂

大动作能力提升小课堂

在四五岁时，孩子大肌肉的发展逐步趋向成熟，他们已经习惯独立行走，而且活动的范围更广了，活动的能力也更强了，想去哪里就去哪里，还常常会做出一些调皮的事情来。此时父母可以通过以下训练帮助其不断提升大动作能力。比如，让孩子练习骑小三轮车。这一阶段的孩子的行动能力已经很强了，而且对一些新鲜的事物特别好奇，骑小三轮车为不少孩子所喜欢。父母可以抓住这一特点，让孩子多练习骑小三轮车。在训练时，父母应该先给孩子讲解上车的准备动作和一些注意事项，然后在一旁监护，由扶着车到逐渐放手，逐步教会孩子向前蹬三轮车。等熟练之后，孩子会自己试着转弯或后退，这些练习都能提高身体的协调能力。

精细动作能力提升小课堂

四五岁是孩子大脑发育的高峰时期，也是其小肌肉渐趋成熟的阶段，此时孩子的手指灵活性和协调性已经相当强了，且常常会对一些手工活动感兴趣，如绘画、搭积木、捏橡皮泥、剪纸等。父母想帮助孩子不断提升精细动作能力，可以多进行如下的一些训练：

1. 教会孩子正确使用剪刀

父母可以为孩子准备一把儿童专用剪刀或塑料剪刀，让孩子学会正确使用。在刚开始学习的时候，父母可以先给孩子作示范，并告诉他应该怎样正确拿剪刀和剪东西以及使用剪刀时应该注意的事项，尤其是安全问题。在孩子初学的时候，父母可以先将纸剪开一个小口，然后让他继续剪。这一训练能帮助孩子较好地锻炼和提升精细动作能力，也能使孩子慢慢学会自己使用工具。

2. 教孩子折纸

父母可以教孩子一些简单的折纸，如折书。取一些正方形的纸，边对边折成长方形，然后用彩色的笔在折成的"书"上任意涂鸦，以此锻炼手指的灵活性。父母还可以教孩子折小山，准备一些正方形的纸，角与边对齐折成三角形，让孩子在折成的"山"上画上一些花花草草。

语言理解能力提升小课堂

孩子到了四五岁时，智力已经相当发达，不仅显露出自己对某种事物的兴趣爱好，而且在语言理解能力方面又有了新的进步。父母想要帮助孩子不断提升语言理解能力，可以多进行如下的一些训练：

1. 让孩子独自朗读一些小故事

到了这一阶段，孩子已经具备了一定的词汇量，不仅能识字，也能理解一部分汉字的意思了。父母平时应多带着孩子一起阅读，在此过程中，不仅自己读书给孩子听，还要鼓励孩子独自阅读一些短文，并根据短文内容适时向孩子提问。父母一定要多鼓励孩子独自阅读和思考，充分发挥孩子的主观能动性，在孩子阅读中遇到生字生词或是不能理解的地方时给予帮助，在孩子读错时进行纠正和引导。

2. 教孩子学习拼音

汉语拼音是孩子识字、说好普通话的基础，更是孩子学好汉语的基础。这一阶段，父母可以着手教孩子学习拼音，准备一些拼音卡片或者购买一些幼儿拼音读物，逐步教孩子学习。需要注意的是，父母在此过程中应注重激发孩子的学习兴趣，循序渐进地教孩子慢慢学，保持足够的耐心。

感觉认知能力提升小课堂

这个阶段的孩子，各个感觉器官已经完全发育成熟，认知能力也在快速提高，他们已经有了清楚的性别和时间概念，对于自我的理解和认识也更加深入了。此时父母可以通过如下的一些训练帮助其不断提升感觉认知能力：

1. 注重训练孩子的观察能力和思维能力

父母平时应该有意识地培养孩子的观察能力和思维能力，为其能力的提升创造条件。父母可以让孩子在家中多观察一些常用的生活用品，鼓励孩子边观察边进行描述，并说明这些物品的用途；父母可以带着孩子多到户外走走，开拓孩子的视野，提升听觉、嗅觉等能力，并在观察的同时学会思考。

2. 注重训练孩子的空间认知能力和方位判断能力

父母可以在教会孩子辨别物体大小、形状、颜色等的基础上训练孩子的空间认知能力和方位判断能力。父母在家中和孩子玩耍的时候可以有意识地指着屋子的相应位置告诉孩子上下、左右、内外、前后等概念，并通过一些游戏帮助孩子加深印象；父母带孩子外出游玩时也可以多给孩子讲讲这方面的知识，帮助孩子逐渐提高空间认知能力和方位判断能力。

自理能力提升小课堂

一般来说，孩子到四五岁时行动能力已经很强了，已具有一些基本的生活自理能力，学会了自己的事情自己做。此时父母千万不要溺爱孩子，而应该通过一些训练帮助其不断提升自理能力：

1. 教孩子养成良好的进食习惯

这个年龄段的孩子吃饭动作也许要比大人慢些，但已经能用筷子独立吃饭了。父母不仅要鼓励孩子独立吃饭，还应注重培养孩子养成良好的进食习惯：吃饭时要保持安静，要讲究规矩，不能东张西望，不能边吃边走动或者看电视，不能挑食，不能浪费粮食等。尽早训练孩子养成良好的进食习惯，不仅有助于提升孩子的生活自理能力，而且对于其以后的成长也是大有裨益的。

2. 教会孩子正确地洗脸和刷牙

到了四五岁时，孩子的牙齿已经全部长齐，多数孩子在此时比较贪吃，很容易影响牙齿的健康。所以，父母在此时应该教会孩子刷牙并保持口腔卫生。在教孩子刷牙时，父母可以先给孩子作示范，告诉孩子正确的刷牙步骤及此过程中应该注意的事项和要点，等孩子学会了之后，还要培养孩子养成早晚刷牙的好习惯。同时，父母还应该教会孩子正确地洗脸，即选择合适的毛巾，保

持水温适中，洗脸时按顺序用毛巾擦眼睛、脸部、鼻子、前额，然后擦耳朵、耳背，最后擦颈部等。

社会交往能力提升小课堂

这一阶段的孩子已经会主动与人交往了，而且他们已经意识到朋友不仅仅是游戏伙伴，也会对自己的思维和行为产生重要的影响，因而会在交往中尽量与朋友保持一致并遵守一些交往原则。此时父母要想帮助其不断提升社会交往能力，可以多进行如下的一些训练：

1. 帮孩子树立正确的是非观和道德观，学会正确辨别善恶美丑

这一阶段的孩子已经有了初步的"好"和"坏"的概念，但是还没有形成正确的道德观。父母应该多给孩子讲一些有教育意义的故事，让孩子明白事理；多对孩子进行是非观和道德观的教育，让孩子逐步学会辨别善恶美丑，明白在与人交往的过程中什么事情可以做，什么事情不能做，什么行为是应该努力避免的，什么行为是应该努力发扬的，以此熏陶孩子，帮助其在社交行为中不断进步。

2. 让孩子了解社交活动中的一些规则和禁忌，帮助孩子成为受欢迎的人

平时父母不仅要多鼓励孩子参与社交活动，还应该教给孩子一些社交知识和实用的社交礼仪，给孩子讲讲社交中应该注意的规则和禁忌，以此帮助孩子逐步提升社交能力，建立好人缘。

快乐人生从玩开始——宝宝游戏室

苹果树结果子——培养动手能力

【准备工作】

白纸、剪刀、彩笔、胶水。

【游戏过程】

（1）在白纸上为孩子画一棵树。

（2）告诉孩子："这是一棵苹果树，上面结满了果子。"

（3）让孩子自己拿彩笔在另外一张纸上画出苹果并涂上颜色，然后将其剪下来贴到苹果树上。

【游戏目的】

培养孩子的动手能力。

【专家有话说】

孩子使用剪刀的时候，父母要注意防止孩子发生意外，弄破手指。

沙堆的秘密——培养思考力，激发好奇心

【准备工作】

孩子的小玩具、沙坑。

【游戏过程】

（1）把孩子的小玩具埋在沙堆里，最好有明显的标志。

（2）把宝藏所在地的特征告诉孩子，让孩子自己去挖。

【游戏目的】

培养孩子的思考力以及空间感，还可以激发孩子的好奇心。

【专家有话说】

最好能够把藏宝地明确地描述出来，明确的地点能够让孩子顺利找到玩具，并且产生成就感。

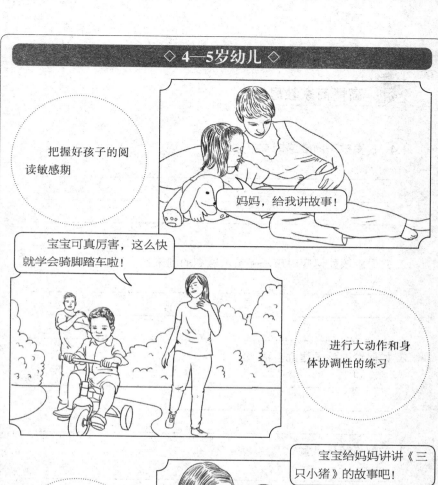

把握好孩子的阅读敏感期

妈妈，给我讲故事！

宝宝可真厉害，这么快就学会骑脚踏车啦！

进行大动作和身体协调性的练习

宝宝给妈妈讲讲《三只小猪》的故事吧！

不断提升孩子的语言表达能力及思维能力

4—5岁是孩子大脑发育的高峰时期，也是其小肌肉逐渐成熟的阶段，此时需要加强对手指与身体灵活性的训练。

高情商家教思维

1.4—5 岁孩子的敏感期有哪些？

_____

_____

_____

2. 父母应该如何应对孩子阅读敏感期的到来？

_____

_____

_____

3. 如何帮助孩子建立自信心？

_____

_____

_____

4. 如何看待孩子贪玩？

_____

_____

_____

5. 如何进一步训练孩子的语言理解能力？

_____

_____

_____

第八章

5—6 岁儿童早教方案

孩子的小世界——宝宝心理在变化

心理教育关键词——尊重

孩子虽然年纪小，但父母也别小瞧他们，尊重他们，才能与他们相亲相爱。

从幼儿时期开始，孩子就在逐渐了解自己在父母心目中的地位，观察自己做什么会得到父母的赞许，做什么会被责骂，等等。孩子依恋父母并期望得到肯定，这些心理活动会指导他们的言行，他们会努力多做让父母高兴的事情，减少让父母生气的次数，而这些最初的言行渐渐就会变为日后说话做事的习惯。一个人长大之后要能对自己负责，必须有自尊心、自信心，而这些是需要从小在父母的教育下形成的。哪怕是五六岁的孩子，他们也同样渴望得到与成人同等的尊重。孩子也希望自己有选择的权利，可以表达自己的意愿，说话的时候有人认真听，而很多父母却忽视了这些细节，在无形中伤害了孩子的自尊心。

要知道，父母不仅是在养育孩子，更是在教育孩子。因此，父母除了要重视孩子的身体健康，更要重视孩子心灵上的健康。

一颗健康的心灵是在尊重和信任中成长的，父母要尊重孩子的意愿，倾听他们的心声。当然，这也不是毫无原则的信任。当孩子做了不利于自身发展的事情或者违背道德的事情时，父母是不能让步的。因此，父母对孩子的尊重要适度，要让孩子体验到被尊重的快乐，从而健康成长。

文化敏感期到来

文化敏感期在孩子5—6岁的时候才会出现。此时，孩子对探究事物产生了强烈的愿望，也作好了接受大量文化信息的准备。

父母应鼓励孩子广泛阅读，但当孩子不喜欢的时候，父母也不要过分要求；一旦孩子对某一方面的书籍有了兴趣，父母应该鼓励孩子坚持下去，并及时对他取得的成绩进行表扬。

给孩子选择阅读书目时，父母要了解孩子的接受水平，尊重孩子的意愿，不要完全用成人的眼光来挑选，更不要以"有没有用"来作为价值判断，这样才能确保孩子在"悦"的前提下进行阅读，学得新知。

给5—6岁的孩子讲故事时，父母应尽量使用书中的语言，让孩子接触标准、丰富、有趣的语言，激发孩子的阅读兴趣。此外，给孩子读书的速度也不宜过慢。一旦孩子在阅读速度上有了明显提高，甚至会比一个成年人的阅读量还大，而让孩子保持一定的阅读量就可以有效提高孩子的阅读速度。

中国的古诗词浓缩了古往今来语言的精华。等孩子到了5岁的时候，父母要让孩子多接触诗词并注意讲解诗词中难懂的字词，让孩子通过想象力再现诗歌里的美丽情景，感受文字的优美和灵动，从而对阅读产生好感。

文化敏感期的大量阅读将让孩子受益终生。

孩子不懂"正话反说"

2—6岁是孩子发展自我意识和语言能力的关键期，虽然此时孩子已经会说很多话了，但孩子本身的理解能力有限，父母若经常"正话反说"，孩子就会感到困惑。这不利于孩子理解能力的发展，也不利于亲子之间的沟通。

幼儿对话语中讽刺意图的理解能力，对诚实话和讽刺话以及侮辱性话的辨别能力还要过段时期才具备。他们常把成人的反话当作正面话理解，如幼儿擅自过马路，妈妈说"你再走走看"，他就会向前走。因此，父母偶尔生气需要发泄时千万不要用反话去刺激孩子，否则孩子就会在遇到同样的情况时用这些反话去"安慰"别人，因为他分不清正反话，他只会有样学样地套用父母的话，这很可能会让别人产生误会，认为孩子不讲礼貌、没有同情心。

幼儿的思维通常是具体形象的，不善于分析事物的内在含义，难以理解语言的寓意、转义。在教育幼儿时，父母一定要坚持正面引导，用具体形象的榜样感染、影响幼儿，并且辅以肢体语言让孩子清楚地明白父母要表达的意思，切忌讲反话，空洞地说教和嘲讽，否则无论是对孩子心理的发育，还是对孩子语言能力的发展都是有害无益的。

上小学前的心理调适

有的孩子以为上小学和幼儿园一样，但是去了之后发现很多地方不同，往往会需要一段时间去适应。父母可以在入学之前，带孩子去将要念书的地方看一看，聊一聊小学的事情，并且带着赞赏的语气说"你已经长大了""爸爸妈妈为你感到高兴"等，让孩子对上学的兴趣更浓一些，并渴望成为一名小学生。

如果父母发现孩子对上学有抵触情绪，听到上学就会很烦躁，甚至哭闹不肯上学，那么就要考虑是不是因为孩子听说上学不好而产生了恐惧心理，或者是担心自己被父母抛弃，等等。

孩子到了6岁，完全可以表达自己的想法，父母只要跟他们讲一讲道理，并且打消他们的顾虑，他们都会讲实话。

切忌用上学来吓唬孩子或通过打骂逼迫孩子上学。若父母常说"你再不听话，就让学校的老师管你""学校的老师会收拾你的"，孩子内心就会排斥，情绪也会很消极，在学校不敢发挥自己的想象力，变成完全听话的"小绵羊"。

如果有机会，父母还可以带着孩子去看一看关于希望小学的宣传片，让他知道上学是一件很值得珍惜的事情。同时，以他的名义捐款帮助同龄人上学，或者捐书给贫困地区的孩子。这些方式能对孩子的心灵起到激励的作用。

赢在起跑线上——早期教育小课堂

大动作能力提升小课堂

五六岁的孩子在行动上已经基本不受限制了，一些孩子此时还非常调皮好动，喜欢爬高跳远，甚至做出不少危险的事情来。此时父母想要帮助孩子不断提升大动作能力，可以进行如下的一些训练：

1. 让孩子练习单脚跳远

父母可以带着孩子在画线的地面上或在有标志的草地上来进行练习，刚开始的时候，可以先在离线或标志 2 米处起跑，当某一只脚踩在线或标志上时用力踏地，让身体向前弹起跃过一段距离，落地时双脚踏稳，身体站直。一般来说，多数孩子会用右脚弹跳，有些孩子能双脚轮换弹跳。父母可以通过重复的训练，帮助孩子不断提升单脚跳远的水平，训练其腿部肌肉。

2. 教孩子练习踢球入门

父母可以带着孩子去专为儿童设计的球场，准备好一个小足球，然后教会孩子正确的踢球姿势，瞄准球门后一只脚用力踢球，争取将球踢进球门里。如果孩子在刚开始时很难做到，父母可以先作示范，然后分步骤慢慢教。父母也可以让几个小朋友一起玩这一游戏，由一个小朋友守门，将别人踢来的球接住，但在孩子做游戏的时候，父母要在一旁看护，以免发生危险。

精细动作能力提升小课堂

孩子心智的发展和生活能力的提升与其双手的不断探索和实践有着极为密切的关系。因此，及早对孩子进行手部精细动作的训练是非常重要的。在孩子五六岁时，父母可以通过以下的一些训练来帮助孩子锻炼和提升精细动作能力：

1. 让孩子玩拼插玩具

父母在家中可以多给孩子准备一些拼插玩具。在训练时，先教会孩子各种拼插玩具的名称及操作方法，给孩子作好示范，让其先在父母的协助下练习拼插圆圈、盘子、花、大炮、房子等，之后鼓励孩子自己完成拼插，也可以让孩子发挥想象力进行自由组合，并鼓励孩子给拼插出的东西命名。这一训练能促进孩子手腕精细动作的发展，激发孩子的想象力。

2. 让孩子多玩七巧板

七巧板是由 1 个正方形分割而成的 7 块几何图形板，它包括 2 个大的三角形片、1 个中三角形片、2 个小三角形片、1 个正方形片和 1 个平行四边形片。在训练的时候，父母教孩子学习利用 7 个几何图形板摆出各种图案，在教的过程中最好能引导孩子从简单的图案开始，逐步学会组合复杂的图案。这种训练方式不仅能提升孩子的手指精细动作能力，而且还能训练孩子的想象力和思维能力。

语言理解能力提升小课堂

随着年龄的增长，孩子的认知能力不断提高，对于学习的兴趣也会经由培训和激发而逐渐形成。到了五六岁这一阶段，父母想要帮助其不断提升语言理解能力，可以多关注如下的一些训练：

1. 利用一切机会教孩子识字

父母可以多购买一些图文并茂的书籍，平时多给孩子讲故事、唱歌谣、念唐诗、猜谜语、哼催眠曲等，并且在此过程中激发孩子的识字兴趣和热情，逐步教其学会识字。在平时的生活中，父母还可以在相应的实物上贴上文字标签，例如，在空调、冰箱、电视上，用便签贴上"空调""冰箱""电视"等字，并注上拼音，为孩子多创设识字的条件。

2. 教孩子学习一些简单的外语

此时是孩子语言能力开始快速增长的时期，在语言学习方面表现出了较强的能力和发展潜力，父母可以利用这些特性，在这一阶段开始教孩子学习一些简单的外语。父母可以多准备一些写有英文字母的卡片，或是一些英文早教类图书，每天给孩子讲解几个英文字母和简单单词，带着孩子一起朗读和学习，为其学习英语打好基础，帮助其提高语言理解能力。

感觉认知能力提升小课堂

这一阶段，孩子的感觉认知能力发展到了新的阶段，他们已经能清楚明辨物体的大小、颜色、形状等，对于时间和空间的概念也更加清晰了，而且他们还能主动试着理解周围环境和人际关系的规则等。此时父母想要帮助其不断提升感觉认知能力，可以多进行如下的一些训练：

1.多带孩子进行户外活动，让孩子在活动中提升各方面的能力

父母在平时应该多带着孩子进行户外活动，尤其应该多带孩子到自然界中去走走看看，比如带着孩子去乡间春游踏青、和孩子一起到野地里捕捉昆虫，带着孩子去旅游景点游玩等，让孩子在这些过程中丰富自身的感受和认知，不断提升各方面的能力。

2.给孩子感受安静的时间，净化其心灵

这个阶段的孩子，多数话多且喜欢吵闹，父母可以适时地反其道而行之，每天花一点时间来和孩子一起静思，让孩子静静地坐着，学会用心感受周围的世界。

3. 注重培养孩子的思维能力

这一阶段的孩子的思维以具体形象思维为主，对于事物的认识基本上是感性的、具体的、形象的。父母在生活中可以通过一些游戏和活动来激发孩子的想象力和创意思维，鼓励孩子多动脑，以提升其思维能力。

自理能力提升小课堂

到五六岁时，多数孩子已经完全学会了吃饭、睡觉、大小便、穿脱衣服等基本生活技能，而且做事的效率和质量也明显提高了不少。此时父母想要帮助孩子不断提升自理能力，可以多关注如下的一些训练：

1. 让孩子独自睡觉并教孩子自己叠被子、整理床铺等

这一阶段，父母最好能为孩子准备独立的小床和房间，鼓励其学会自己睡觉，养成独立的好习惯。在此基础上，父母还应教会孩子自己叠被子、整理床铺等。具体来说，父母可以告诉孩子在起床后将被子叠起来、将床铺弄整齐，并手把手地教会孩子，经常督促和鼓励孩子坚持去做，让其学会料理自己的基本生活，提升自理能力。

2. 帮助孩子养成良好的生活习惯

这一时期，孩子什么事情都想自己干的愿望十分强烈，父母平时应该尽可能地满足孩子的愿望，鼓励孩子自己的事情自己做，

比如让孩子整理自己的玩具，学着叠被子、洗袜子等，以此帮助其养成良好的生活习惯。在这个过程中，需要父母在一旁细心指导和帮助，在孩子表现不好的时候，帮助他们不断改进，并提醒他们远离危险。

社会交往能力提升小课堂

安安今年6岁了，在幼儿园的时候是个活跃分子，每天都有说有笑、蹦蹦跳跳的。妈妈原本以为这样的孩子进入小学一定会很快适应环境的，但是却没想到只上了2个星期小学，安安就像变了一个人一样，每天安安静静的，父母跟她说话的时候，她也是心不在焉的。妈妈以为安安在学校出了什么问题，就给班主任打了个电话，班主任说："没发现什么异常，安安是个很文静的女孩子。"放下电话，妈妈觉得很奇怪，难道上学能够改变人的性格吗？后来经过仔细询问妈妈才知道，原来安安觉得周围的同学很陌生，不喜欢和他们说话。

五六岁是孩子交往能力发展的重要阶段。这一时期，孩子的语言能力比以前更强了，并且有了较强的自我意识，在交往过程中也更有目标性和选择性了。此时父母可以通过如下的一些训练帮助其不断提升社会交往能力：

1. 鼓励孩子多参与集体活动，结交一些志同道合的朋友

这一阶段的孩子，多数已经开始上小学了，父母平时应该鼓

励孩子多与同学一起玩耍和游戏，让孩子多参与集体活动，并且在各种活动中主动与人交往，根据自己的兴趣爱好等，结交一些志同道合的朋友，体验友谊的滋味。

2．教给孩子一些有效的社交策略

想帮助孩子提升社会交往能力，父母还可以在平时多教给孩子一些有效的社交策略，比如当孩子想加入其他人的游戏时，可以教孩子友好地向别人问好，获取别人的好感，在征得同意之后加入。当孩子在与人交往中遇到挫折时，父母可以教给孩子一些化解的方法。如果孩子害羞，父母可以鼓励他先找跟自己比较熟悉的孩子一起玩，然后再去和其他孩子接触。通过这样的一些训练，相信孩子的社交能力定会得到很大的提升。

快乐人生从玩开始——宝宝游戏室

商场中的儿童乐园——培养交往能力和运动能力

【准备工作】

去商场的儿童乐园。

【游戏过程】

带孩子去商场的儿童乐园里玩。

【游戏目的】

提高孩子的运动能力，并让孩子学会如何与陌生人交往。

【专家有话说】

儿童乐园里面有很多玩耍项目，能让孩子对这个世界产生更大的好奇心，进而激发孩子的探索欲望。儿童乐园里面的很多项目家长不能参加，这也更好地锻炼了孩子面对陌生环境时解决问题和与人合作交往的能力。

培养一项体育爱好——增强运动能力，培养阳光心态

【准备工作】

开阔的户外。

【游戏过程】

为孩子准备羽毛球、乒乓球、篮球等体育用品，帮助孩子培养一项体育爱好。

【游戏目的】

提高孩子的运动能力，让孩子拥有健康的体魄；运动还能改变孩子的心理状态，让孩子变得乐观开朗。

【专家有话说】

如果父母喜欢运动，可以跟孩子一起观看体育比赛，一起运动。这样不仅可以锻炼身体，还可以增进亲子关系。如果孩子对父辈喜欢的运动没有兴趣，有自己的爱好，只要不违反道德和法律，父母就应该支持，比如轮滑、街舞等一些新兴的运动项目。

抓住文化敏感期

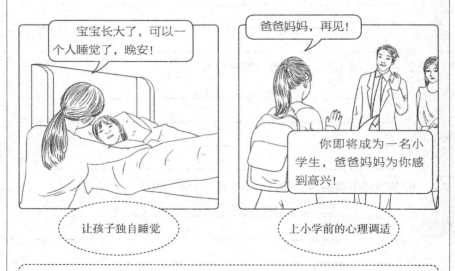

让孩子独自睡觉

上小学前的心理调适

5—6岁的孩子即将迈入小学，这一阶段的孩子的心理与智力相比以前更加成熟，对知识的渴求也更强烈，但他们的理解能力依然有限，父母切不可对孩子说反话，更不能对孩子说空洞和嘲讽的话。

 高情商家教思维

1. 针对 5—6 岁的儿童，教育的关键是什么？

_____

_____

_____

_____

_____

2. 如何尊重这一阶段的孩子？

_____

_____

_____

3. 在文化敏感期，父母要注意些什么？

_____

_____

_____

_____

4. 如何对学龄前儿童进行上小学前的心理调适？

_____

_____

_____

_____